Wolfgang J. Gerlach

Monsieur Acheseau und der Schatz im Sorpesee

eine postfaktische Krimi-Parodie
(inspiriert von einem Klassiker)

Ruhrkrimi-Verlag

© Beate Gerlach

Wolfgang J. Gerlach, geboren 1955, studierte nach seinem Abitur in Witten Englisch und Kunst mit dem Schwerpunkt Fotografie in Essen.

Beeinflusst von den Bänkelbarden seiner Jugend (z. B. *Ulrich Roski* und *Schobert & Black*), textete er zwischen 1996 und 2008 über einhundert Songparodien u. a. für die *Haarzopf Harmonists* im Chorkarneval der katholischen Kirchengemeinde Christus König in Essen-Haarzopf.

Von 2005 bis zu seiner Pensionierung 2020 leitete er die Theater-AG am Gymnasium Petrinum in Recklinghausen.

So entstanden Bühnenbearbeitungen von Autoren wie Curt Goetz, Gisa Pauly, Bernd Stelter, Stücke für junge Zuschauer und »Dinner – für wann?«, die Krimiversion des bekannten TV-Sketches um den 90. Geburtstag von Miss Toffee, die 2019 die erste Aufführung eines Stücks aus seiner Feder außerhalb Nordrhein-Westfalens präsentierte.

»Der letzte Martini« versteht den Text des *Wise Guys*-Songs als Ansatz und konstruiert eine Agentenparodie, in der Jamian Bunt, der allseits bekannte Geheimagent 997, seinen Job an den Nagel hängen muss und in ein Altersheim in Deutschland zieht.

Hinzu gesellten sich zahlreiche Satiren sowie eine Rock'n'Roll-Version der Shakespeare-Oper »Windsors lustige Weiber«.

Wolfgang J. Gerlach lebt und schreibt in Essen-Haarzopf und in Haselünne.

Diese und weitere Theaterstücke und Bühnenadaptionen des Autors finden Sie auf:

www.wolfgang-gerlach-theatertexte.de

Bibliografische Information der Deutschen Nationalbibliothek:
Die Deutsche Nationalbibliothek verzeichnet diese Publikation in der Deutschen Nationalbibliografie; detaillierte bibliografische Daten sind im Internet über https://dnb.de abrufbar.

Druck: BoD, Norderstedt

ISBN 978-3-947848-87-4
1. Auflage (Originalausgabe), auch als eBook erhältlich.

Disclaimer:

Alle Personen und Namen innerhalb dieses Buches sind frei erfunden. Ähnlichkeiten mit lebenden oder verstorbenen Personen sind zufällig und nicht beabsichtigt.

Die »MS Hennesee«, »Xavers Ranch« in Meschede, das Vereinsheim des 1. FC 1920 Remblinghausen, dessen Einrichtung »Wildsauclub 100«, die Bezeichnung »Bakfietsen«, die Kapelle und Klause von Lengenbeck, das »DampfLandLeute-Museum« in Eslohe, die »Konditorei Kaptain«, die Knochenmühle in Isingheim, das »St. Franziskus Seniorenhaus« und die »Naturbühne« in Elspe, die »Attahöhle« in Attendorn, die »SG Lenhausen/Rönkhausen«, der Settmecke-Stollen und die »MS Sorpesee« sind real. Ihre namentliche Verwendung im vorliegenden Buch wurde von der jeweils zuständigen Stelle gestattet.

Dieser Roman möchte eine Hommage sein an Winnetou, Old Shatterhand, Old Surehand, Sam Hawkens, Tante Droll, Gunstick Uncle, Hobble-Frank, den Stamm der Utah, dessen Häuptling Großer Wolf sowie Lord Castlepool.

Inhalt

Ankunft 7
(Un)gewöhnliches 9
Plädoyer 10
Tagesplanung 12
Fliehkraft 14
Hochzeit 16
Spätsommersonntag 18
Erster Todesfall 20
Aussichten 22
Zweiter Todesfall 24
Schutzvorkehrungen 26
Dritter Todesfall 30
Der schwarze Spaniel 31
Vierter Todesfall 42
Weitere Fahrgäste 43
Menschenhandel
und Kannibalismus 46
»Xavers Ranch« 48
Mooskollekte 56
Doublesse oblige 58
Am Lagerfeuer 62
»Western-Abend« 64
Die Kapelle 70
Tagesausklang an der Theke 74
Blaues Blut 79
Geheime Botschaften? 86
Sternstunde der Kryptografie 94
Aufbruch 100
Auschecken 102
Der orange Kadett 106
Der Plan 109
Tatort Remblinghausen 111
Der Raub 114

Tatort Heidberg 116
Brunch 123
Im »R68« nach El Spe 132
Seniorenhausbesuch 139
Das Duell 153
Wetten? 158
Gefangennahme 168
Abbruch 171
Oxytocin 173
Die Grotte 177
Kaffee und Kuchen 182
Mit vereinten Kräften 186
Das Anagramm 188
Viererlei 193
Cabrio 202
Markante Erkennungszeichen 205
Der Höhlenforscher 208
Settmecke 212
Das Schiffchen 214
Leos Zukunft 219
Auf zum See 222
Wasser 228
Fahrt in den Sonnenuntergang 229
Die Vorschrift 232
Der Schatz im Sorpesee 234
Abend im Sauerland 237
Auflösung der Logikalisierung 238
Nachvertonungen 239

**für Oma Bruchhausen,
die auch dieses Buch nach der Lektüre
mit einem sachten Schütteln
ihrer weißen Dauerwelle
und einem sanften
»Ochottochottochott«
aus der Hand gelegt hätte**

Ankunft

»Nächster planmäßiger Halt des ›RE17‹: Meschede. Die Ankunft war 10 Uhr 41.«

»Ach so.«

»Wir verabschieden uns von allen Reisenden, die hier aus- oder umsteigen, und wünschen Ihnen einen angenehmen Tag.«

Er blinzelte... Gab es überhaupt außerplanmäßige Halte? Vielleicht in einem der vielen Sauerländer Tunnel... Obwohl... Warum sollte ein Zug in einem Tunnel halten? Er musste schmunzeln.

Die Leuchtdiodenanzeige eineinhalb Meter vor seiner Nase flackerte verschämt, beglaubigte allerdings das soeben Gehörte, zeigte sie doch bereits 10 Uhr 46. Das würde knapp werden; hoffentlich blieben ihm aber trotzdem noch zwei, drei Minuten bis zum Erreichen dieses seines Zielbahnhofs.

»Ach so.«

Wie zuvor hörte es sich sehr französisch an, doch weit und breit waren keine Reisenden, die das hätten mitbekommen können. Und was hieß überhaupt »Die Ankunft war...?« Wer dachte sich solch eine Formulierung aus? Hatte die Bahn einen Linguistik-Professor engagiert, das futurische Imperfekt zu erfinden? Oder claimheimlich eine Werbeagentur beauftragt, sich Ausreden auszudenken für alle passenden und unpassenden Gelegenheiten?

Monsieur Acheseau hob sein linkes Ohr von der Bordwand des Regional-Express-Abteils, die er mit seinem dunkelblauen Trenchcoat provisorisch gepolstert hatte, und schaute sich verschlafen blinzelnd um. Der Platz rechts von ihm war immer noch frei, ebenso der unter der Digitalanzeige. Der Sitz ihm direkt gegenüber war vom Designer des Abteils bei der Planung gegen eine weiße Resopalplatte getauscht worden, die wahrscheinlich schon bessere Zeiten gesehen haben mochte, wenn es nach der Zahl der Abschürfungen und Kantenabplatzer ging. Zurzeit beherbergte die Ablage bestimmungsgemäß den rot-grün-karierten Trolley des französischen Fahrgasts mit dem gelb-blonden Walross-Schnäuzer. Er musste sich wohl oder übel sputen.

(Un)gewöhnliches

»Wohl ist er das!«

»Nein!«

»Doch!«

»Das ist kein Name; kein Mensch heißt so...«

»Doch, ich!«

»Du lügst.«

»Würd ich nie tun...«

»Lügnerin! Lügnerin! Lügnerin! Lügnerin!«

Um sie herum drehte sich alles. Nein, das stimmte nicht. Sie war es, die gedreht wurde... von ihren vier Mitschülerinnen. Und jedes Gesicht, das in nur zehn, manchmal weniger Zentimetern Entfernung vor ihr einzurasten schien, spuckte ihr dieses Wort entgegen: »Lügnerin!«

»Lügnerin!«

»Lügnerin!«

»Lügnerin!«

Bis ihr schwindelig wurde, und ihre Mädchen-Knie, die schon so manche von Schmutzeinschlüssen gezeichnete Narbe zierte – verursacht durch traditionell betrachtet geschlechtsunspezifisches Betragen – einfach nachgaben.

Im Fallen schossen ihr die abstrusesten Gedanken durch den Lockenkopf... Die Zahl Vier würde sie nie wieder leiden mögen.

Plädoyer

Das Buch rutschte, erst langsam, dann verließ es ruckartig seinen rechten Oberschenkel und schlug hart auf dem ungeputzten Boden des türlosen Abteils auf. Er hatte es beim Aufstehen völlig übersehen, hatte freilich auch vorher nicht mehr an seine Existenz gedacht. Als er sich etwas umständlich bückte, um es aufzuheben, fiel sein Blick auf den Titel: »Mord im Orient-Express« stand dort in dramatisch verzerrten Lettern.

Eine Weile lang starrte er das Druckerzeugnis misstrauisch, ja ungläubig an. Hatte er darin gelesen? Das musste wohl so sein, denn wer legt einem schlafenden Fahrgast ein aufgeschlagenes Buch auf den Schoß?

Jetzt erinnerte er sich an den Traum, aus dem er durch die Durchsage des Zugführers unerwartet herausgerissen worden war: Kurz vor seinem Plädoyer hatten ihm dieser Richard Ruchard und so ein komischer Veterinär-Rentier den großen Auftritt vor der Vollversammlung aller Fahrgäste des Caféwagens gestohlen, dabei war er sich so sicher gewesen, den Fall ebenso souverän gelöst zu haben wie seinerzeit den Tod auf der Ruhr. Er hatte noch probiert, die Pendeltür des ZugCafés mit all den Verdächtigen voller Verachtung für diese Typen vehement zuzuschlagen, war alsdann freilich mit gesenktem Kopf vorbeigeschlichen an den leeren Sitzen dieser Menschen, die ihm allesamt irgendwie seltsam spöttisch hinterhergeschaut hatten. Er hatte die Blicke körperlich spüren können.

Sein Augenmerk passierte den türlosen Rahmen seiner unbequemen Schlafepisode und fiel auf ein Piktogramm auf der gegenüber liegenden Seite des Ganges. Ein WC? Unter Umständen sogar das, auf dem Richard Ruchard, mit vollem Namen Richard Roger Ruch...?

So ein Unsinn. Kein Mensch verschläft eine ganze Nacht auf einer Toilette, erst recht nicht auf einer öffentlichen und schon mal gar nicht in einem Regional-Express. Hercule Poirot hätte ihm mit Sicherheit recht gegeben!

Tagesplanung

Der Tag war wie mit einem Augenzwinkern erwacht, denn die einzige Wolke war zügig an der aufgehenden Sonne vorbeigehuscht. Es würde warm werden, sehr warm. So wie gestern, als die Sonne die Waldlichtung im Forst von Schmallenberg-Lengenbeck, auf der ihre für kleines Geld angemietete Klause stand, in gleißend helles Licht getaucht hatte.

Ein Gymnasiallehrer mit Namen Prof. Wilhelm Kemper, der für sich ein einsames und frommes Leben als Eremit wählte, so hatte man ihr erklärt, habe sie sich 1902 hier auf dem Heidberg aus behauenen Baumstämmen errichtet. Sie stellte an dieser Stelle des Waldes einen größeren Erweiterungsbau einer ein wenig abseits gelegenen, bescheideneren Einsiedelei dar. Die Zwischenräume waren mit Moos abgedichtet, ein überaus vielseitig verwendbares Material, speziell wenn man berücksichtigte, wie viele verschiedene Arten es gab.

Was der Lichtung ihren besonderen Reiz verlieh, war die – mittlerweile leider recht baufällige – Kapelle mit ihrer Inschrift über dem Eingang zum außergewöhnlich bescheidenen Altarraum. Auf dem gebogenen Balken konnte man den Wahlspruch der Benediktiner »Ora et labora« (»Bete und arbeite«) lesen.

Sie hatte sich viel vorgenommen und war auch deshalb früh aufgestanden, Letzteres tat sie indessen ja nahezu jeden Tag. Das heute war hingegen nichts Alltägliches, wenngleich etwas für den alltäglichen, nein, allnächtlichen Bedarf: Sie hatte vor, in den Wald zu gehen. Nein, nicht um Bucheckern zu suchen, wie sie es als kleines Mädchen geliebt hatte, mit ihrem Großvater im Arnsberger Wald zu tun. Heute ging es an das Sammeln von Zypressenschlafmoos. Währenddessen würde sie einmal mehr sehr viel Zeit haben, Ihren Gedanken nachzuhängen. Gedanken zum Beispiel über das, was sie hergebracht hatte.

»Hypnum cupressiforme«, hatte der Besserwisser von Bio-Kollege ihr mal gesteckt, heiße dieses Gewächs. Und der reaktivierte, pensionierte Aushilfskollege vom Gymnasium, eigentlich Altsprachler, hatte hinzugefügt, dass der Begriff »hypnum« ursprünglich aus dem Altgriechischen stamme und dass »hypnos« übersetzt soviel wie »Schlaf« bedeute.

Sie hätte die zwei auf der Stelle hypnotisieren mögen, und zwar für immer, nur... dazu bedurfte es ja leider der Einwilligung des jeweiligen Mediums.

Fliehkraft

Krampfhaft bemühte sich der Regional-Express mit lautem Quietschen der Bremsen, an der richtigen Stelle des Bahnsteigs zum Stehen kommen.

Den vierräderigen Trolley vor sich her schiebend, trippelte Acheseau die Schräge mit den aufgeschraubten schmalen Alu-Anti-Rutsch-Leisten herunter und wurde durch die Fliehkraft – da er die Haltestange verfehlte – unsanft an der Tür vorbeikatapultiert. Er entschied spontan, einfach das ZugCafé zu durchqueren und – nach Überwinden der drei Stufen an dessen anderem Ende – weiter vorne auszusteigen. So passierte er die verlassenen Sitzgruppen und Doppelsitze und erreichte die Zwischentür des ZugCafé-Wagens... Abgeschlossen!

Das konnte ja heiter werden, wenn er den Stopp am Meschede Central verpassen würde. Gehetzt spähte er umher. Also musste er zu der Tür zurück, an der er vorbeigeschossen war.

»Immer mit der Ruhe mit die alten Pferde.« Die Zugbegleiterin in der geöffneten roten Doppelschiebetür strahlte ihm gut gelaunt ins Gesicht.

Jetzt machte sich das zweite Paar Rollen des Trolleys bezahlt. Er wendete auf dem linken Absatz, kippte mit der rechten Hand das Gepäckstück in Richtung seines Hinterteils und machte sich auf zur rettenden Zugwandöffnung.

Die nette junge Brünette mit dem lustigen Halstuchknoten kontrollierte den Sitz des abgewetzten Trageriemens ihres Fahrkartenscanners, ehe sie auf den Bahnsteig hinunterstieg und sich suchend umblickte.

Dankend lehnte er ihr Angebot ab, ihm beim Ausstieg behilflich zu sein. Was ihn brennender interessierte war die Frage, warum das ZugCafé geschlossen war und – noch wesentlicher als das – ob das gegebenenfalls von Anbeginn der Fahrt an so gewesen war.

Ihre ausführliche Erklärung ließ nicht lange auf sich warten: »Ja, das ZugCafé war die ganze Zeit über verschlossen und – nein – wird tatsächlich nie wieder öffnen.«

»Und wie erklärt sich nebenbei die Tatsache eines einzigen Doppelstockwagens im Zugverband?«

Kopfschüttelnd missbilligte er den unschönen Versatz in der Höhe der Wagenreihung.

»Der hat in Warburg auf die endgültige Entscheidung über seine weitere Verwendung gewartet und soll in der kommenden Woche von Hagen aus ins Eisenbahn-Museum nach Bochum-Dahlhausen gebracht werden. ZugCafé-Betrieb gibt es nämlich längst nicht mehr.«

»Aber ich war doch letzte Nacht noch...«

»Im ZugCafé hier im ›RE17‹...?« Die freundliche Mittvierzigerin schüttelte energisch ihre Kurzhaarfrisur. »Das ist unmöglich.«

Die verstand aber auch nur Bahnhof. Oder war da der Vater der Wunsch des Gedankens gewesen, wie er gerne und regelmäßig sagte. Na danke. Wie war das mit dem »travelling with Deutsche Bahn«? Danke...

Hochzeit

»Vier Hochzeiten und ein Todesfall« war ihr Lieblingsfilm gewesen, seit sie den Film kurz nach seinem Erscheinen in Deutschland im August 1994 im Kino gesehen hatte. Sie hatte die Liebeskomödie mit Hugh Grant um Charles und Carrie geliebt, nicht zuletzt weil in solchen Filmen prinzipiell alles zu einem guten Ende geriet.

Wenn sie jetzt auf ihr bisheriges Leben zurückblickte, und dazu hatte sie hier jedes Mal nicht nur beim Moossammeln in der Einsamkeit mehr als genug Zeit, so würde sie es für sich eher als »Eine Hochzeit und vier Todesfälle« charakterisieren.

Die Erinnerung an ihre Hochzeit selbst war eher rudimentär, sowohl hinsichtlich der Zeremonie, als auch bezüglich der anschließenden Feier. Was dagegen ihr im Gedächtnis, was ihr Lieblingswort für eine lange, lange Zeit geblieben war, ihr immer wieder ein Lächeln aufs Gesicht gezaubert hatte, war die englische Vokabel »to disembark«. Sie wusste zwar, was der Boarding Officer auf der Hochzeitsreisen-Fährüberfahrt nach England ausdrücken wollte. Dennoch fühlte sie auf der Stelle den inneren Zwang, das Wort in die deutsche Sprache zu übersetzen. Wenn nun »to embark« soviel wie »sich einschiffen« hieß, demnach war »to disembark« ganz simpel so etwas wie »sich ent-einschiffen«, oder?

Sie war ursprünglich der Überzeugung, dass die Entscheidung, einen Doppelnamen zu wählen, ein Zeichen gleichberechtigter Verbundenheit zwischen Ehefrau und Ehemann darstellen würde. Sie: eine geborene Rüggen – er: einer aus der Familie Siepen. Rüggen-Siepen... Das hatte sich für sie einfach logisch angehört.

Im Laufe der Zeit stellte nun sich heraus, dass ihr Vater offenkundig doch recht behalten hatte. Anfänglich hatte sie seine These in Bezug auf ihren Ehegatten, dass – wenn der einen Charakter besäße – er einen fiesen hätte, emotional aufgebracht strikt zurückgewiesen. Als dieser sich jedoch ein neues Hobby auserkor, stellte sich ihr doch gewissermaßen zwangsweise die Frage, ob sie den Rest ihres Lebens mit einem Entomologen, ja gar einem Lepidopterologen zu verbringen gedachte. Objekte einer Sammelbegierde in Alben einzustecken, wie es Philatelisten oder Numismatiker taten, war eine Eigenheit, die sie vielleicht noch hätte akzeptieren können. Diese Kollektabilien aber mit Hilfe von Stecknadeln durchbohrt in transparenten Sammelboxen an sämtliche Wände der gemeinsamen Wohnung zu hängen, das ging ihr einfach zu weit, machte sie förmlich aggressiv. Und diese Aggression mochte sich unter Umständen ein violentes Ventil schaffen...

Auf einer Fahrt entlang der BAB 445 hatte sie wie zufällig einen Blick aus dem Fenster geworfen... Talbrücke Rüggensiepen... Und nicht einmal mit Bindestrich! Eingeengt hatte sie sich plötzlich gefühlt, ja, eingeengt wie der Bach, dem der Weg durch den Siepen, das Kerbtal, durch das er floss, vorgeschrieben war. Und bevor noch eine weitere Beschränkung ihres Lebens hinzukommen konnte, wie bei dem Bach, der kurz darauf verrohrt weiter fließen musste, dem man die Freiheit nahm zu fließen, wie er wollte...

So tauschte sie ihr bisheriges Lieblingswort gegen einen Nachfolger, einen Ausdruck, der nicht nur Tisch und Bett zwischen ihr und ihrem Gatten trennte, sondern ebenfalls ihren bei der Eheschließung angenommenen Doppelnamen. In »A Thief of Time« prägte der amerikanische Autor Tony Hillerman einen Ausdruck, der so einem Doppelnamen den Bindestrich nahm. Er bezeichnete den Vorgang der Scheidung als »de-hyphenating«, also »Entbindestrichung«... Genial!

Spätsommersonntag

Die frische Sauerländer Mittagsluft tat gut. Acheseau legte den Kopf in den Nacken und genoss auf seiner Bank auf der Staumauer des Hennesees die noch wärmenden Sonnenstrahlen dieses Spätsommertags, ein Tag des Herrn.

Was war das für ein Sauwetter gewesen am Abend zuvor auf dem Bahnsteig in Marsberg! Wieso überhaupt Marsberg? In diese Stadt hatte er doch sein Lebtag noch keinen Fuß gesetzt... Noch weniger wäre er damals zu den harten Coronazeiten – womöglich noch ohne Maske – mit dem »RE17« gefahren. Jetzt, wo die Pandemie von fast allen Virologen für beendet erklärt worden war (bis auf den einen, den Vorsichtigen, dem er eigentlich gewillt war, wirklich weiterhin sein vollstes Vertrauen zu schenken), da war das etwas anderes. Er hatte ja nicht im Sinn, vorschnell die Himmelstreppe zu erklimmen.

Wie kam er jetzt darauf? War seine eigene Assoziationskette wieder einmal zu schnell für ihn?

Er schmunzelte still in sich hinein und fing an zu summen. Es waren seine Erinnerungen an die Fingerpicking-Fertigkeiten eines Jimmy Page auf dessen Harmony-Akustikgitarre. Oder bei Live-Auftritten ebenso auf dem unteren, sechssaitigen Hals von dessen Gibson EDS-1275 »Doubleneck«. Seine Lippen öffneten sich leicht und formten unhörbar die ersten paar Worte seines Lieblingslieds: »Stairway to Heaven«.

Er hatte den Led Zeppelin-Song schon als Jugendlicher geliebt und ihn heute bereits einmal auf den Lippen gehabt, als er hergekommen war nämlich und statt eines abwechslungsreichen und erholsamen Spaziergangs entlang des Mescheder SinnePfads die 333 Edelrost-Stufen der riffelblechernen Himmelstreppe zur Staumauer des Hennesees erklommen hatte. Der Versuch indes, eine der beiden Blockflöten der Studioaufnahme mittels gespitzter Lippen zu imitieren, war spätestens nach einem knappen Drittel des Wegs wegen akuten Luftmangels gescheitert. Das Gewicht seines mitgeführten Trolleys hatte ein Übriges dazu beigetragen.

Die Erfrischung aus der Röhre des – wie man auf dem Edelstahlschild lesen konnte, wenn man den Kopf zum Trinken seitwärts drehte – »QUELLWASSER«-Brunnens am Fuß der Treppe war zwar der in Ludwig Bechsteins »Märchen vom Schlaraffenland« vergleichbar, selbst wenn kein Malvasier oder irgendein anderer süßer Wein dort herausfloss, sondern eben Quellwasser vom »Köpperkopf«, dem Berg zu seiner Linken, ihre Wirkungsdauer war indes absehbar begrenzt gewesen.

»Köpperkopf«? »Köpper«, so wusste Acheseau, war die plattdeutsche Bezeichnung für einen Kopfsprung, und »Kopf« hieß hier dasselbe wie Gipfel. In der Summe ergab das einen Kopfsprung vom Berg... Wohin denn? Bis in den Hennesee? Das war schon ein wundersames Völkchen, diese Mescaleros... Nannte man sie eigentlich so, die Einwohner von Meschede?

Seine Überlegungen kehrten zu Led Zeppelin zurück... Was faszinierte ihn nur an dieser Band aus den 1970ern? In seinem Traum hatte er einen Schrei gehört, der ihn fortgesetzt an den von Robert Plant in »Whole Lotta Love« hatte denken lassen. Und jetzt hatte Acheseau einen Ohrwurm, und was für einen!

Erster Todesfall

Nach dessen Unterquerung von Bruchhausen gab man dem Rüggen-Bach seine Freiheit zurück, baute einen Wasserspielplatz, gewissermaßen als Entschädigung für ihn und die Dorfkinder, ehe die Ruhr ihn mit auf die große Reise nahm. Irgendwie doch noch ein Happy End nach der erlittenen Einengung.

»Eine Hochzeit und vier Todesfälle«... Die Erinnerung an die von ihr durchlittenen Todesfälle war heftig emotional. Sie hatte nicht helfen können, und diese Ohnmacht hatte sie fertiggemacht. So sehr, dass sie beschloss, nicht nur Ehe, sondern auch Schule und Gesellschaft zu verlassen... Und zwar exakt in der Reihenfolge!

Was dem Unterricht oft genug die Luft zum Atmen nahm, war ja nicht die Schule selbst, nicht die Schülerinnen und Schüler, nicht einmal der stetig bürokratischer werdende Alltag, nicht einmal die immer fordernder auftretenden Eltern. Es waren die vier Todesfälle, die die Sprache, die sie so liebte zu unterrichten, im Begriff war zu erleiden, landstrichweise schon erlitten hatte:

✝ Genitiv

Es war in einer zweiten kleinen Pause passiert. Völlig erschöpft von der fünften Stunde in der 7b, füllte sie sich gerade den durch viel Verdunstung dunkelbraun-konzentriert geratenen Rest dessen (Genitiv!) aus der Kanne in ihren Becher, was ursprünglich von der (korrekter Dativ!) bzw. seitens der (Genitiv!) vielstrapazierten Maschine als Lehrer:innen-Nervenbelebung gedacht gewesen war, als sie die tränenschluchzende Stimme von einer (Genitiv!) Englischkollegin hinter sich vernahm: »Ich komme eben aus deiner 9a. Ich habe denen immer gesagt: ›Den of-Genitiv nur bei Sachen und bei Tieren, die keinen Namen haben!‹ Und was machen die...?«

Sie hatte daraufhin für einen winzigen Moment die Lider geschlossen.... Nicht weil sie über eine Erwiderung hätte nachdenken müssen, sondern da das, was sie gerade schlürfend in den Mund genommen hatte, brühend heiß ihre Kehle herunterrann. Dann war Platz für eine trockene Antwort: »Das ist nicht meine 9a; das ist die Klasse, in der ich Klassenlehrerin sein muss.«

Sie war sich der (Genitiv!) unterlassenen Hilfeleistung wohl bewusst, überlegte dennoch hinsichtlich ihres (Genitiv!) eigenen Deutschunterrichts, ob man den Duden eventuell wegen dessen (Genitiv!) Erlaubnis verklagen könne, dem Dativ soviel Macht zuzugestehen. Für die Umgangssprache im Sauerland war sie ja selbstverständlich bereit, Ausnahmen zuzulassen. Aber... auf wessen (Genitiv!) Mist mochte es gewachsen sein, den englischen Genitiv Singular als deutschen Plural zuzulassen: moderne T-Shirts?!

Aussichten

Ohrwürmer dauern im Schnitt um die 22 Minuten... Wenn man es sich verkneift, sich darauf zu konzentrieren, sonst können es flugs auch mal 40 Minuten werden. Das hatten Forscher – so hatte Monsieur Acheseau in der ARD-Mediathek gelernt – an der englischen Universität in Reading herausgefunden. Seine Patek Philippe-Sonderimitation hingegen behauptete, es seien bereits 48 Minuten.

Seine Augen wanderten rastlos, zunächst über ansatzweise buntlaubige Baumwipfel, anschließend über die sich sanft kräuselnden Wellen des Hennesees. Der Überblick wäre vom Aussichts-Schiffsbug oberhalb der SinnePfads noch grandioser gewesen, hätte man, ja hätte man das Konstrukt nicht 2019 wegen Baufälligkeit abgebaut, wie ihm die freundliche Mitarbeiterin der Tourismus-Information in Meschede vor Antritt der Reise dankenswerterweise offenbart hatte. Sonst hätte er sich womöglich noch beim Erreichen der Deichkrone nach links gewandt. Dabei waren ihm die Unterschiede zwischen den Fotos im Internetz schon aufgestoßen. Zeigten die einen die wohl unlängst fertig gestellte »Arche«-Aussichtplattform, wenn man dem frischen, unverkennbar rohen Holz Glauben schenken durfte, so offenbarten andere vergrautes, in die Jahre gekommenes Holz. Ein Martin oder Marvin – so ganz klar war das nicht ersichtlich bei der mittelmäßigen Auflösung der Abbildungen – hatte sich gemeinsam mit einer gewissen Sonya und einer Kathy auf der Innenseite des Relingbalkens oberhalb des gefakten Steuerrads, das eher dem Schwungrad einer alten Nähmaschine ähnelte, in schnitzender Weise verewigt. Waren es rattenscharfe Teenie-Wunschgebilde? Oder gar Treueschwüre? Ob sie ewig halten würden? Zumindest die in die Zellulose vertieften hatten es jedenfalls nicht geschafft.

In einem ersten Planungsansatz für seinen Sauerlandbesuch hatte Acheseau eine Besichtigung der ursprünglich als Jagdschloss erbauten Burg Eversberg oberhalb der Stadt in Erwägung gezogen. Gut informierten Kreisen zufolge, sollte hier im 11. / 12. Jahrhundert ein Graf Eberhard von Arnsberg resigniert haben. Gleichwohl zwölf Kilometer ohne motorisierten Untersatz waren einfach zu viel trotz der vom Reiseführer versprochenen genialen Aussicht auf das Ruhrtal.

Zweiter Todesfall

✝ Binde- und Wortergänzungsstrich

Gab es ihn eigentlich? Den Todes Tag des (Genitiv!) Binde Strichs oder gar den des (Genitiv!) Wort Ergänzungs Strichs?

Tafel Lappen, Lehrer Konferenz, Eltern Sprechtag... allesamt Verstümmelungen, die auch Beihilfe Berechtigung und Kranken Kasse nicht hatten helfen können zu heilen. Und so waren sie denn verschieden... die Brüder im Geiste, die Verständnis und Unmissverständlichkeit vermittelnden Zeichen der Zusammengehörigkeit: Der eine war zuständig für das Verbinden von Wörtern, die irgendwie zusammengehörten, allerdings nicht so eng, als dass man sie hätte als ein Wort zusammenschreiben müssen. Der andere gab Wörtern die Möglichkeit, eine originäre Hälfte ihrer selbst abzugeben – aus stilistischen Erwägungen –, um sich auf diese Weise eng an ein zweites anzuschmiegen, verbunden durch eine wie immer lautende adversative, lieber sogar noch durch eine zuweilen sogar mehrteilige kopulative Konjunktion.

Ihr Geschichts-(!) und Sowi-(!)Kollege, mit dem sie so manche Zigarette auf dem Balkon über dem Portal der altehrwürdigen Bildungsstätte gepafft hatte, motzte ebenfalls oft genug über den Verlust sprachlicher Eindeutigkeit, wobei er mit schöner (na ja) Regelmäßigkeit zu erzählen wusste, er sei einmal an einem Geschäft vorbeigekommen und im Schaufenster habe er lesen müssen: »Gebrauchte Braut und Abendmoden«

Nun denn, ihr Kollege halt...

Unweigerlich nahm sie ihren ursprünglichen Gedanken noch einmal auf... »Entbindestrichung«... Hier war der Bindestrich, ihr persönliches Zeichen für Zwang und Einengung, willentlich gecancelt worden, nicht nur zur Getrenntveranlagung bei der Steuererklärung, sondern zugunsten eines Flugs in die Freiheit. Heutzutage waren Trennungen doch leichter zu bewerkstelligen als etwa zu Zeiten Heinrichs (Genitiv!) des (Genitiv!) Achten.

Da betrieb man Ehegattensplitting ja noch mit dem Schwert.

Schutzvorkehrungen

Der Kaffeedurst trieb ihn förmlich zur Anlegestelle der »MS Hennesee«. Das würde etwas anderes sein als die lauwarme Brühe im Zugcafé... Schon wieder nervte ihn die Erinnerung. Er musste dringend auf andere Gedanken kommen. Ein neuer Fall zum Beispiel würde seinem Hirn eine Abwechslung bescheren. Aber woher stehlen, wenn nicht nehmen? Eine Schifffahrt auf der Talsperre würde es übergangsweise auch tun. Und die Tatsache, dass der gebuchte Ferienhausaufenthalt in Vellinghausen unmittelbar bevorstand, euphorisierte ihn über Gebühr.

Monsieur Acheseau erhob sich, nicht ohne noch einmal tief durchzuatmen, schlenderte in aller Seelenruhe den Hennedamm entlang und bewunderte die weit über Lebensgröße auf der geteerten Strecke mit weißer Farbe stilisiert aufgemalten Fischarten, die offensichtlich in diesem Gewässer anzutreffen waren.

Der erste Wegweiser auf seinem Spaziergang wies ihn an, dem Weg um den See entgegen dem Uhrzeigersinn weiter zu folgen; kurze Zeit später tat es diesem ein zweiter nach. Nur dass es auf einmal zwei infrage kommende Wege gab. Wieder dachte er an seinen Lieblingssong. Auch der sprach von der Existenz zweier Pfade, die man gehen konnte. Hier führte einer von ihnen augenscheinlich in Ufernähe weiter, der andere führte bergan, vom Ufer weg und – was zunächst irgendwie irritierte – schräg in Gegenrichtung. Dafür sei er barrierefrei, behauptete das Schild. War das der Beginn eines neuen Falls, der Herausforderung, die er sich doch gewünscht hatte? Er beschloss, dem nachzugehen, folglich dem barrierefreien Weg, denn was konnte die Aussage anderes heißen, als dass der Weg entlang des Wassers Stufen sein eigen nannte. Und davon hatte Monsieur Acheseau auf der Himmelstreppe genügend absolviert.

Folglich bog er ab, begann den Anstieg. Barrierefreiheit war versprochen, Mühelosigkeit hingegen nicht. Nach einigen Schritten blieb er kurz stehen, um zu verschnaufen, und warf einen Blick zurück. Viel war wegen des Uferbewuchses von der Talsperre hier nicht länger zu erspähen. Es war ein Stück Wald ohne jegliche Besonderheiten. Eine Schwarzdrossel (mit lateinischem Namen: »Turdus merula«, wovon sie naturgemäß nichts wusste) flog ob dieser seiner Vermutung laut protestierend auf und machte sich kopfschüttelnd davon.

Eine Spitzkehre stellte die ursprüngliche Wanderrichtung wieder her. Wie viele Terpentinen würden sich ihm noch bieten? Wie hoch würde er den Hang hinaufzusteigen haben? Gerade erst war seine Überlegung zu Ende gedacht, offenbarte ihm das Gelände, dass er mit seiner Vermutung recht gehabt und die Treppe vermieden hatte, die hier andockte. Eine zweite kam unerheblich später in Sichtweite und stellte ihn vor die Wahl, die Strecke abzukürzen oder doch der Spiegelung des Streckenverlaufs Vertrauen zu schenken. Ein knapper Blick auf seinen Trolley verkürzte den Entscheidungsprozess.

Acheseaus Schritte wurden schneller, behänder; von nun an ging's bergab. Unten angekommen, wandte er sich wiederum zurück und bemühte sein kartografisch-ikonografisches Vorstellungsvermögen: Aus dem All besehen würde sich dem Betrachter eine Darstellung offenbaren, die der Querschnittszeichnung durch ein mit dem Handballen plattgedrücktes Rosinenbrötchen ähneln mochte. Er bekam Hunger.

Als er auf der aus angeschütteten Steinen errichteten Aussichtstelle mit der seeseitigen Begrenzung aus Corten-Stahl ankam, verspürte er Zeit und Muße, seine Aufmerksamkeit der malerischen Bucht vor ihm zu widmen. Zweifelsohne war er nach wie vor im Abbildungsmodus: Ein himmlischer Zirkel hatte dem Seeufer seine Kontur verliehen. Und dem

Scheitelpunkt der göttlichen Kurve näherte sich bereits das Ausflugsschiff seines Urlaubsbegehrens.

Nachdem er sich eine Fahrkarte besorgt hatte, stellte Acheseau sich geduldig an das Ende der Reihe der Wartenden und stützte sich auf den Bügel seines Trolleys. Es blieb reichlich Zeit, sich seine potentiellen Mitreisenden näher anzusehen, musste das Dampfschiff doch erstens den Landungssteg ausfahren und zweitens auf das Ufer aufsetzen, um auf diese Art und Weise anzulanden.

»Papa, wie lange müssen wir denn noch hier rumstehen?«

»Nu hörma auf zu nölen!«

»Mama...«

»Du hast doch gehört, was der Papa...«

»Nu sach doch ma!«

»Malte-Kevin, du siehst doch, dass sie erst noch die Tische kontaminieren müssen, oder willse etwa Corona kriegen?«

Das zweiflügelige Tor, das den Steg absperrte, der auf das Schiff führte, schwang endlich auf. Die Abfertigung ging trotz des Gedränges zügig voran. Man hatte Routine.

»Herzlich willkommen an Bord! Sie haben die Wahl: Entweder Sie nehmen drinnen Platz – aber bitte mit Maske – oder oben auf dem Deck. Dort können Sie in Ruhe Kaffee und Kuchen oder ein Kaltgetränk zu sich nehmen.«

»Mama, krieg ich 'ne Cola?«

Damit war die Familie außer Hörweite. Und der Sonne, die für sich einen Moment genervt hinter einer Wolke versteckt hatte, gefiel es, wieder zum Gelingen der Dampferfahrt beizutragen.

Zwei Seeforellen (lat.: »Salmo trutta lacustris«, doch davon wussten sie naturgemäß nichts) blickten einander bedeutungsvoll an und schwammen weiter auf ihrer Patrouillerunde um den See.

Eine Gruppe von vier, fünf Mountainbikern schob ihre Gefährte gefechtsmäßig näher. Sie schienen auf einer längeren Tour unterwegs zu sein. Ihre Rucksäcke waren nämlich nicht gerade winzig, und wo immer es umsetzbar erschien, waren weitere Transportmöglichkeiten an den Rädern befestigt; von einer Sattelstange aus ragte sogar ein regulärer Gepäckträger ins Gelände.

Monsieur Acheseau überquerte den Steg, zeigte seine Fahrkarte vor und war aufrichtig froh, sich für die Fahrt zum jetzigen Zeitpunkt entschieden zu haben, denn die nette Dame von der Tourismuszentrale hatte ihm am Telefon ebenfalls gesteckt, dass man die letzte Fahrt der »MS Hennesee« für den 10. September 2022 von 13 bis 14 Uhr plane. Danach erfolge ihre Stilllegung und sie werde abtransportiert. Gab es für ausrangierte Schiffe auch einen Platz in einem Museum? 2023 endlich – aber wohl nicht vor August – solle die jetzige »MS Hennesee« von einem E-Schiff abgelöst werden.

Schick wäre es ja für die persönliche Erinnerung gewesen, sagen zu können, diese allerletzte Fahrt miterlebt haben zu dürfen. Doch wer konnte wissen, welches Wetter dieser Abschiedsfahrt beschieden sein würde. Wenn es währenddessen wie aus Eimern schütten würde...

Obschon... Eine nette Analogie zur Einweihungsfahrt des ZugCafés im »Sauerland-Express« wäre das auf jeden Fall gewesen.

Da war es wieder, dieses Gedankengespenst. Die Zugbegleiterin hatte es ihm doch eindeutig erklärt...

Dritter Todesfall

✝ Akkusativ

»Wie gerne hätte ich jetzt *ein* Teller Suppe, zum Aufwärmen.« Das Pärchen, das sie im Februar in einem Gasthof nach der Besichtigung der Klause unbeabsichtigt belauscht hatte, schien sich dabei nichts weiter zu denken! Also: Entweder war das Wort »Teller« sächlich geworden, und zwar über Nacht, nicht etwa schleichend. Klar, ein Teller war ein Ding, eine Sache... Doch war das etwa ein Grund, ihm das Maskulinum abzusprechen?

In der Folgewoche war es dann dem Wort »Termin« an den Kragen gegangen: »Wir können Ihnen erst im Juni wieder *ein* Termin anbieten«, wusste die MTA ins Telefon zu säuseln.

Und sie fühlte, dass sie diesem Sterben genauso wenig entgegenzusetzen haben würde wie dem so mancher Spezies auf der roten Liste gefährdeter Tiere und Pflanzen.

Der schwarze Spaniel

Es war um die Mittagszeit dieses silbernen Septembertags, als die »MS Hennesee«, der größte (weil einzige) Passagier- und Güterdampfer des gleichnamigen Gewässers, mit seinen mächtigen Schaufelrädern die Fluten des Hennesees peitschte. Das Schiff hatte vor einigen Minuten die Anlegestelle in Meschede verlassen und sollte später Mielinghausen erreichen, die einzige reguläre Unterbrechung auf seiner Fahrt über den See.

Die Hitze hatte die besser situierten Reisenden in ihre Kajüten und Kabinen getrieben, und die meisten der Deckpassagiere lagen hinter Fässern, Kisten und sonstigen Gepäckstücken, die ihnen ein wenig Schatten gewährten. Für diese Passagiere hatte der Kapitän unter einer ausgespannten Leinwand eine Art Theke errichten lassen, auf der sich allerlei Gläser und Flaschen tummelten, deren scharfer Inhalt jedenfalls nicht für verwöhnte Gaumen und Zungen berechnet war. Hinter diesem Schanktisch saß der Kellner mit geschlossenen Augen, von der Hitze ermüdet, mit dem Kopfe nickend. Wenn er einmal die Lider hob, wand sich ein leiser Fluch oder sonst ein kräftiges Wort über seine Lippen. Dieser sein Unmut galt einer Anzahl von wohl fünf, vielleicht auch nur vier Männern, die vor dem Tisch in einem Kreise auf dem Boden saßen und den Würfelbecher von Hand zu Hand gehen ließen. Es wurde um das so genannte »Getränk« gespielt, d. h. der Verlierer hatte am Schluss der Partie für jeden Mitspielenden ein Glas Schnaps auszugeben. Infolgedessen war dem Kellner das Schläfchen, zu dem er so große Lust verspürte, versagt.

Diese Männer hatten sich jedenfalls nicht erst hier auf dem Dampfschiff zusammengefunden, denn sie redeten einander mit »du« an und schienen, wie gelegentliche Äußerungen verrieten, ihre gegenseitigen Verhältnisse bis ins Kleinste zu kennen. Entgegengesetzt dieser allgemeinen Vertraulichkeit, gab es unter ihnen einen, dem eine gewisse Art von Respekt erwiesen wurde. Man hieß ihn »Oberst«. War das sein militärischer Rang? Dieser Mann war lang und hager; sein glatt rasiertes, scharf und spitz gezeichnetes Gesicht wurde von einem borstigen roten Kehlbart umrahmt; fuchsrot waren gleichfalls die kurz geschorenen Kopfhaare, wie man sehen konnte, da er die verwaschene Baseball-Cap mit längst durchgescheuerter Schirmkante weit in den Nacken geschoben hatte. Seine Kleidung setzte sich zusammen aus klobigen Springerstiefeln, Nankinghose in Camouflage-Optik und einem beigen Jackett aus Breitcord. Ein Strunztuch zierte die Brusttasche. Eine Weste trug er nicht; an Stelle derselben war ein ungebügeltes, schmutziges Hemd zu sehen, dessen breiter Kragen, ohne von einem Halstuch gehalten zu werden, weit offen stand und die nackte, sonnenverbrannte Brust sehen ließ. Um die Hüften hatte er sich ein rotes Fransentuch geschlungen. Hinter ihm lag ein leinener Rucksack.

Die übrigen Männer waren in vergleichbarer Weise sorglos und ähnlich schmutzig gekleidet, dafür jedoch sehr gut bewaffnet. Es befand sich kein einziger unter ihnen, dem man beim ersten Blick hätte Vertrauen schenken können. Sie trieben ihr Würfelspiel mit wahrer Leidenschaftlichkeit und unterhielten sich derweil in so rohen Ausdrücken, dass ein halbwegs anständiger Mensch sicher keine Minute lang bei ihnen stehen geblieben wäre. Jedenfalls hatten sie schon manches »Getränk« gehoben, denn ihre Wangen waren nicht nur von der Sonne erhitzt, sondern der Geist des westfälischen Korns führte bereits die Herrschaft über sie.

Der Kapitän hatte die Kommandobrücke verlassen und war aufs Achterbord zum Steuermann gegangen, um demselben einige notwendige Weisungen zu erteilen. Als dies geschehen war, sagte der Letztere: »Was meinen Sie zu den Jungs, die da vorn beim Würfeln sitzen, Kapitän? Mir scheint, es sind welche von der Sorte, die man nicht gern an Bord kommen sieht.«

»Denke es auch«, nickte der Gefragte. »Haben sich zwar als Harvesters, als Erntearbeiter, ausgegeben, die nach dem Westen, an den Niederrhein wollen, um sich auf Farmen zu verdingen, aber ich möchte nicht der Mann sein, bei dem sie um Beschäftigung fragen.«

»Well, Sir. Ich meinesteils halte sie für richtige und wirkliche Tramps. Hoffentlich halten sie wenigstens hier an Bord Ruhe!«

»Will es ihnen nicht raten, uns mehr, als wir gewöhnt sind, zu belästigen. Wir haben Hände genug an Bord, sie alle in den alten, gesegneten Hennesee zu werfen. Macht Euch übrigens zum Anlegen klar; in zehn Minuten kommt Mielinghausen in Sicht!«

Der Kapitän kehrte auf seine Brücke zurück, um die beim Anlanden nötigen Befehle zu erteilen. Man sah sehr bald die Häuser des genannten Ortes, den das Schiff mit einem langgezogenen Brüllen der Dampfpfeife begrüßte. Von der Landebrücke wurde das Zeichen gegeben, dass der Dampfer Fracht und Passagiere mitzunehmen habe... Eigentlich unnötig, denn das Schiff würde sowieso hier anlegen. Die bisher unter Deck befindlichen Reisenden kamen herauf, um die kurze Unterbrechung der Fahrt zu genießen.

Ein sehr unterhaltendes Schauspiel bot sich ihnen freilich nicht. Am Halteplatz standen nur wenige müßige Menschen; es gab nur einige Kisten und Pakete aufzunehmen, und die Zahl der an Bord steigenden neuen Passagiere betrug nicht mehr als drei, die, als sie die Passage bezahlten, von dem betreffenden Offizier ganz und gar nicht als Gentlemen behandelt wurden. Der eine von ihnen war ein großgewachsener Mann von hoher, außerordentlich kräftiger Gestalt. Er trug einen so kräftigen, dunklen Vollbart, dass man nur die Augen, die Nase und den oberen Teil der Wangen erkennen konnte. Auf seinem Kopfe saß eine betagte Bibermütze, die im Laufe der Jahre praktisch kahl geworden war. Ihre einstige Gestalt zu bestimmen, war ein Werk der Unmöglichkeit;

höchstwahrscheinlich hatte sie schon alle erdenklichen Formen gehabt. Der Anzug dieses Mannes bestand aus Hose und Jacke von starkem, grauem Leinen. In dem breiten Ledergürtel steckten zwei Revolver, ein Messer und mehrere kleine, dem Westfalen unentbehrliche Instrumente. Außerdem besaß er eine schwere Doppelbüchse, an deren Schaft, um beides bequemer tragen zu können, ein langes Beil gebunden war.

Als er das Fahrgeld entrichtet hatte, warf er einen forschenden Blick über das Deck. Die elegant gekleideten Kajütenpassagiere schienen ihn nicht zu kümmern. Da fiel sein Auge auf die anderen, die vom Spiel aufgestanden waren, um die an Bord Steigenden zu beobachten. Er sah den Oberst; sein Blick verließ denselben sofort wieder, als ob er ihn gar nicht bemerkt habe; nichtsdestoweniger brummte er, während er die heruntergerutschten Schäfte seiner hohen Wasserstiefel wieder über die mächtigen Oberschenkel heraufzog, unterdrückt vor sich hin: »Mann, Mann! Wenn das nicht der rote Dannen ist, so will ich geräuchert und mit der Schale aufgefressen werden! Der Zweck, zu dem er sich eine solche Schar von Boys zusammengetrommelt hat, ist sicherlich kein guter. Hoffentlich erkennt er mich nicht.«

Der aufmerksame Beobachter bemerkte sehr wohl, dass derjenige, den der neue Passagier meinte, diesen genauso wahrgenommen und gestutzt hatte, um sich jetzt im Flüsterton an seine Gefährten zu wenden: »Seht euch einmal den Kerl mit dem schwarzen Backenbart an! Kennt ihn einer von euch?«

Die Frage wurde verneint.

»Nun, ich muss ihn schon einmal gesehen haben, und zwar unter Umständen, die für mich nicht erfreulich gewesen sind. Es steckt in mir so eine dunkle Erinnerung davon.«

»Dann müsste er dich doch auch kennen«, meinte einer. »Er hat uns angeschaut, dich aber dabei gar nicht bemerkt.«

»Hm! Vielleicht fällt es mir noch ein. Oder noch sinnvoller, ich frage ihn nach seinem Namen. Wenn ich den höre, werde ich gleich wissen, woran ich bin. Gesichter kann ich vergessen, Namen hingegen nicht. Nehmen wir daher ein Getränk mit ihm!«

»Wenn er mittut!«

»Das wäre eine schandbare Beleidigung, wie ihr alle wisst. Derjenige, dem ein Getränk abgeschlagen wird, hat hierzulande das Recht, mit dem Messer oder der Pistole zu antworten, und wenn er den Beleidiger niedersticht, kräht kein Hahn danach.«

»Er sieht aber nicht so aus, als ob er zu etwas, was ihm nicht genehm ist, zu zwingen sei.«

»Pfft! Wettest du mit?«

»Ja, wetten, wetten!«, ertönte es im Kreise. »Der Verlierer zahlt drei Glas für jeden.«

»Mir ist's recht«, erklärte der Oberst.

»Mir auch«, versetzte der andere. »Andererseits muss Gelegenheit zur Revanche sein. Drei Wetten und drei Getränke.«

»Mit wem?«

»Nun, zunächst mit dem Schwarzbart, den du zu kennen behauptest, ohne zu wissen, wer er ist. Sodann mit einem der Gentlemen, die noch da stehen und nach dem Ufer gaffen. Nehmen wir den großen Kerl, der wie ein Riese unter Zwergen bei ihnen steht. Vielleicht vorher noch...« Er überlegte kurz. »...mit dem Typen in dem schwarzen Habit da, der nebst dem gleichgewandeten jungen Mann mit an Bord gekommen ist. Oder fürchtest du dich vor ihm?«

Ein allgemeines Gelächter ertönte als Resonanz auf diese Frage, und der Oberst meinte in verächtlichem Tone: »Ich mich vor dem Rock fürchten? Pfft! Dann noch eher vor dem Riesen, auf den du mich hetzen willst. Alle Teufel, muss dieser Mensch stark sein! Doch eben solche Giganten pflegen am wenigsten Mut zu haben, und er ist so fein und schmuck gekleidet, dass er sicher nur in Landgasthöfen, nicht aber mit Leuten unseres Schlags umzugehen versteht. Also ich halte die Wette. Einen Drink von drei Gläsern mit jedem der drei. Und nun ans Werk!«

Er hatte die drei letzten Sätze so aus voller Kehle gerufen, dass sie von allen Passagieren gehört werden mussten. Jeder Sauerländer, ja jeder Westfale kennt die Bedeutung des Wortes »Getränk«, besonders wenn dasselbe so überlaut und drohend ausgesprochen wird, wie es hier der Fall war. Darum richteten sich jedermanns Augen auf den Oberst. Man sah, dass er, ebenso wie seine Gesellen, schon halb betrunken war, doch entfernte sich keiner, da jeder eine interessante Szene erwartete und gern erfahren und sehen wollte, wer die drei seien, denen der Trunk angeboten werden sollte.

Der Oberst ließ die Gläser füllen, griff nach dem seinigen, stolzierte auf den Schwarzbärtigen zu, der sich noch in der Nähe aufhielt, und nach einem bequemen Platz für sich suchte, und säuselte: »Zum Gruße, Sir! Ich möchte Euch dieses Glas anbieten. Ich halte Euch selbstredend für einen Gentleman, denn ich trinke nur mit wirklich noblen Leuten und hoffe, dass Ihr es auf mein Wohl leeren werdet!«

Über das Antlitz des Angeredeten huschte ein vergnügtes Lächeln.

»Nun«, antwortete er, »ich bin nicht abgeneigt, Euch diesen Gefallen zu tun, möchte aber vorher wissen, woll, wer mir diese überraschende Ehre erweist.«

»Ganz richtig, Sir! Man muss wissen, mit wem man trinkt. Ich heiße Dannen, Oberst zu Unterst von Dannen, wenn's Euch beliebt. Und Ihr?«

»Mein Name ist Langer, Langers Thomas, wenn Ihr nichts dagegen habt. Na denn, auf Euer Wohl, Oberst!«

Er leerte das Glas, wobei die anderen ebenso austranken und gab es dem Spender zurück. Dieser fühlte sich als Sieger, musterte ihn in annähernd beleidigender Art und Weise vom

Kopfe bis zu den Füßen herab und fragte: »Mir scheint, das ist ein deutscher Name. Mithin seid Ihr ein verdammter Dutchman, he?«

»Nein, sondern ein German, Sir«, erwiderte der Angesprochene in freundlichster Weise, ohne sich durch die Grobheit des anderen provozieren zu lassen. »Euren ›Dutchman‹ müssen Sie an eine andere Adresse bringen. Bei mir verfängt er nicht. Also Dank für den Drink und damit tschüss!«

Er wendete sich scharf auf dem Absatz um und trottete rasch davon, indem er leise zu sich sagte: »Somit wirklich dieser Dannen! Und Oberst nennt er sich!« Acheseau spitzte die Ohren und schnappte noch auf, wie hinzugefügt wurde: »Der Kerl hat nichts Gutes vor. Wer weiß, wie lange man sich mit ihm an Bord befindet. Ich werde die Augen offen halten.«

Dannen hatte zwar den ersten Teil der Wette gewonnen, sah hingegen nicht sehr siegreich aus. Seine Miene war eine andere geworden; sie bewies, dass er sich ärgerte. Er hatte gehofft, dass dieser Langer sich weigern und hernach durch Drohungen zum Trinken zwingen lassen werde; dieser jedoch war der Klügere gewesen, hatte zuerst getrunken und dann ganz offen gesagt, dass er zu klug sei, Veranlassung zu einem Krawall zu geben. Das wurmte den Oberst. In der Folge näherte er sich, nachdem er sich das Glas hatte wieder füllen lassen, seinem zweiten Opfer, dem Mönch.

Mit Langer waren nämlich zwei Benediktiner mit an Bord gekommen, ein älterer und ein junger, der vielleicht achtzehn oder zwanzig Jahre zählen mochte. Sie waren so deckungsgleich gekleidet, dass der Jüngere als das genaue, verjüngte Spiegelbild des Älteren erschien.

Das blau-schwarze Haar des Duos war schlicht nach hinten gekämmt und fiel dort bis weit über den Kragen herab. Ihre Gesichter waren voll, rund und besaßen einen wirklich gutmütigen Ausdruck. Überhaupt sahen die beiden ganz und gar ungefährlich aus, so dass sie das Gelächter der Trinker erregt hatten. Sie waren, als ob sie sich vor anderen Menschen fürchteten, scheu auf die Seite gegangen und lehnten jetzt an einem der vorderen Tische, scherten sich um nichts, und selbst als der Oberst jetzt auf sie zukam, erhoben sie die Augen nicht eher, als bis er dicht vor ihnen stand und sie anredete: »Heißes Wetter heut! Oder nicht, ihr Burschen? Da tut ein Trunk wohl. Hier, nimm, Alter, und schütte es auf die Zunge!«

Der so Angeredete rührte keinen Finger und bemerkte wie beiläufig: »Ich trinke nicht.«

»Was, du willst nicht?«, brauste der Inhaber des roten Kehlbarts auf. »Es ist ein Getränk, verstanden, ein Getränk! Dieses zurückgewiesen zu sehen, ist für jeden veritablen Gentleman, wie ich einer bin, eine blutige Beleidigung, die mit dem Messer vergolten wird. Doch, vorher muss ich wissen, wer du bist. Wie heißt du?«

»Bruder Clemens«, antwortete der Gefragte ruhig und bescheiden.

»Zu welchem Stamm gehörst du?«

»Benediktiner.«

»Das heißt zu den zahmen Kutten, die sich vor jeder Katze fürchten, verstanden, vor jeder Katze, und wenn es auch nur das kleinste Kätzchen wäre. Mit dir werde ich kein Federlesens machen. Also, willst du trinken?«

»Ich trinke keinen Alkohol.«

Er äußerte das trotz der Drohung, die der Oberst ausgesprochen hatte, ebenso ruhig wie vorher. Der Letztere aber holte aus, um ihm eine schallende Ohrfeige zu versetzen.

»Hier dein Lohn, du Feigling!«, rief er aus. »Ich will mich nicht anders rächen, weil so eine Pfeife zu tief unter mir steht.«

Kaum war die Hand unterwegs, als Pater Clemens den Kopf blitzschnell senkte. So schlug sie gegen den obersten eines Stapels hölzerner Kästen, vor dem die Mönche standen, so dass es einen lauten, hohlen Ton ergab. Da erscholl von innen ein sonderbares Klopfen, das rasch intensiver und immer lauter wurde. Hatte der Schlag gegen die Wand etwa ein in dem Behältnis transportiertes Kaninchen zu Tode geängstigt?

Monsieur Acheseau drehte seinen Kopf, suchte die Richtung, aus der das Klopfen kommen mochte und blinzelte in die Sonne. Die Knöchel einer hübschen, zierlichen Hand – wie er befand – klopften neben seiner Tasse auf den Tisch… mittlerweile recht intensiv.

»Schmeckt Ihnen unser Kaffee nicht?« Ein sommersprossiges Lächeln beugte sich zu ihm herunter. »Ist alles in Ordnung?«

Der Angesprochene nickte. »Doch, doch… Ich muss nur kurz eingenickt sein…«

Er ließ seinen Blick in die Runde schweifen. Alles an Deck war ruhig… irgendwie zu ruhig. Die Bedienung kassierte zwei Tische weiter. Im Bug saß die Familie, die am Steg vor ihm hatte warten müssen, bis man an Bord gehen durfte. Von den zwei Männern in ihren schwarzen Skapulieren über schwarzen Tuniken war keine Spur zu erblicken. Schwarz als Farbe der Demut, der Buße, der Einfachheit. Die beiden waren sehr einfach gekleidet gewesen, jetzt aber… einfach nicht da! Und wo waren die Theke und der schlechtgelaunte Kellner? Würde es irgendetwas nützen, wenn er sich in den Arm kneifen würde? »Wahrscheinlich nicht«, mutmaßte Monsieur Acheseau.

Jemand pustete lautstark in ein Mikrofon und aus dem Schifflautsprecher schräpten routinemäßige Worte: »In wenigen Augenblicken legen wir in Mielinghausen an. Danke, dass Sie unsere Gäste waren. Wir hoffen, Sie bald einmal wieder an Bord der ›MS Hennesee‹ begrüßen zu dürfen.«

Unten, unweit des mobilen Landungsstegs mit den seitlichen Bügeln, machten sich vier Männer bereit, ihre zwischen den Tischen abgestellten Mountainbikes zum Verlassen des Schiffs vorzubereiten. Einer von ihnen hatte allem Anschein nach irgendwie das Sagen, denn nach seiner Äußerung einiger strenger Worte bewegten sich die übrigen wie zurechtgewiesene Schüler, urteilte Acheseau. Viele Einzelheiten der Kleidung der Radfahrer konnte er auf die Entfernung hingegen nicht ausmachen, wohl aber fiel ihm ein um die Taille des Anführers geschlungenes rotes Tuch mit Fransen auf sowie ein Einstecktuch, das das beige Sakko zierte.

Das Schiff setzte auf dem flachen Strand auf, das Doppeltor wurde geöffnet und der Steg würde binnen kurzer Zeit auf das sandige Ufer geschoben werden. Am Ufer rangelte schon eine Gruppe ungeduldiger Fahrgäste in spe um die günstigsten Plätze zum Entern, derweil ein noch ungeduldigerer schwarzer Cockerspaniel den Strand auf und ab hechelte... sehr zum Missfallen des unübersehbar für die Bändigung seines Temperaments zuständigen Herrchens. »Hieaah! Soofort! «

Der Herr mit dem roten Tailletuch fühlte sich bemüßigt, sich lautstark über die Misserfolge des Spanieldompteurs zu mokieren. »Na, der hat ja mal einen Appell!«

Acheseau durchzuckte ein Gedanke. Ob das wirklich ein Oberst war? Dem Vokabular nach...

»Was hat der?«, schallte es zurück, wobei der Gemeinte gar nicht aufsah, so sehr bemühte er sich mit auf die Knie aufgestützten Händen um den Gehorsam seines Haustiers. »Hieaah! Komm sofort hierhin!«

»Nach hierhin!«, korrigierte ihn halblaut der andere, was bei zwei von dreien seiner Kumpanen zu lautem Gelächter führte. Der vierte im Bunde, ein schlaksiger Typ in quergestreiftem Rollkragenpullover guckte verwirrt. »Echt jetzt?« Er wurde energisch ignoriert.

»Such die Leine! Such voran!« Der Strunztuchtyp mit dem Anführergehabe lief zur Höchstform auf.

Ein anderer seiner Männer mochte seinen Senf nicht zurückhalten: »Das Ganze erinnert mich an ein Schild beim Tierarzt, bei dem ich letzten Monat mit meinem Vogel war: ›Bin gleich zurück. Sitz! Bleib!‹«

Es blieb keine Zeit, über die Anekdote zu lachen, weil der Hund exakt den Moment abpasste, als der Steg seine endgültige Position erreichte. In Ermangelung jeglicher Restriktion durch eine Befestigung an der Hand seines Herrchens stürmte ein laut bellendes schwarzes Knäuel auf den Mann in Cord-Jackett mit Strunztuch und Camouflagehose zu, um vor diesem zunächst kurz knurrend zu verharren und ihn anschließend temperamentvoll anzugiften.

Der so Betroffene zögerte keinen Atemzug, hielt seinen Lenker nur noch mit der rechten Hand fest, bückte sich, packte mit der linken das vor Überraschung verstummte Fellbündel im Nacken und warf es kurzerhand über Bord. Das Wasser spritzte nicht sehr hoch, war doch der Wasserstand in der Henne-Talsperre nicht der höchste um diese Jahreszeit.

Die zwei Seeforellen (fünfzig bzw. siebzig Zentimeter lang und gut drei bzw. knapp viereinhalb Kilogramm schwer, aber davon wussten sie naturgemäß nichts) beschlossen verschreckt, ihre Patrouillerunde für heute zu beenden.

Kleinlaut und Schritt für Schritt schlich sich der beste Freund des Menschen mit der aufgewickelten Hundeleine zu diesem zurück, um von ihm bemitleidet zu werden.

Die Mountainbiker waren längst mit ihrem Oberst von dannen gefahren, und alle anderen, die ihre Pläne zum Aussteigen hier in Mielinghausen veranlassten, hatten bereits das Motorschiff verlassen, als der schwarze Spaniel endlich sein Ende seiner Hundeleine erreichte... Nur um gewahr werden zu müssen, was auf dem Schild zu lesen war: »Nasse Hunde dürfen nicht an Bord!«

Vierter Todesfall

✝ Präpositionen

Ihre Gesichtszüge waren dem Entgleisen nahe gewesen. In der kurzen Zeitspanne zwischen einer sechsten Stunde und dem Beginn einer dieser leidigen Konferenzen musste sie – auf dem Weg zu dem nächstgelegenen Imbiss – an einer roten Fußgängerampel warten. Um sie herum wimmelte es von heimwärts strebenden Kindern und Jugendlichen, Lernende des nahe gelegenen Gymnasiums. Zwei davon hielten auf ihren Fahrrädern unmittelbar neben ihr, ohne abzusteigen, einer rechts, einer links der Ampel. Sie stützten sich gegen den verzinkten Stahlmast und redeten und redeten, fast ohne Luft zu holen.

»Kommse mit Freibad?«

»Wann?«

»Drei?«

»Check!«

Das waren also Gymnasiasten...

Zum ersten Mal war ihr dieses Phänomen in der Gesamtschule begegnet, in der sie ein halbes Jahr lang eine Vertretungsstelle innehatte... »Stelle« war maßlos übertrieben. Es hieß ja ohnedies »Geld statt Stelle«, und das war kaum der Rede wert.

Eine Kollegin wusste von einer Schülerin zu berichten, die sie höflich gefragt hatte: »Kann ich Cafeteria?« »Och«, habe sie geantwortet, »das haben wir doch schöner gelernt!« Wie lautete die postwendende Selbstkorrektur des solchermaßen konditionierten Kindes? »Kann ich bitte Cafeteria?«

Weitere Fahrgäste

Das schwanenweiße Ausflugsschiff hatte abgelegt und Mielinghausen soeben hinter sich gelassen; doch kaum dass sich die Situation an Bord eine Nuance beruhigt hatte, unterbrach erneut Aufregung das monotone Einerlei des Dieselmotorengeräusches. Das kleine Mädchen am Schiffsbug, das wiederholt von seinen Eltern darauf hingewiesen werden musste, dass das Tor am Landungssteg kein Klettergerüst sei, streckte, da es den optimalen Ausblick hatte, die Hand nach Backbord aus und rief: »Guckt mal da, ein Floß!«

Alle sprangen auf die angegebene Seite hinüber, wo sich ihnen ein neues und nicht weniger spannendes Schauspiel bot. Man hatte nämlich, nur mit dem bisher Erzählten beschäftigt, ein mickriges, aus Strauchwerk und Schilf gefertigtes Floß nicht bemerkt, auf dem zwei Gestalten saßen, die vorhatten, vom anderen Seeufer her das Dampfschiff zu erreichen. Sie mühten sich mit aus Zweigen improvisierten Rudern ab. Die eine Person war – der Statur nach zu urteilen – ein jüngerer Mann, von dem man kaum mehr als seinen breitkrempigen, schwarzen Hut zu sehen vermochte, die zweite schien ein ganz eigen- oder fremdartig gekleidetes weibliches Wesen zu sein. Hier sah man eine Kopfbedeckung, ähnlich einer Rüschenhaube, die in der Tat aus lauter Lederstücken zusammengefügt war, darunter ein volles, rotwangiges Gesicht mit sehr kleinen Augen. Der restliche Körper steckte in einem weiten Sack oder etwas Sackartigem, dessen Schnitt und Façon noch nicht zu bestimmen waren, da die Person nicht stand, sondern saß. Die Frau des Kapitäns hielt neben ihrem Gatten Ausschau und fragte ihn: »Kennst du diese Frau?«

»Nein. Ist sie denn so berühmt, dass ich sie kennen müsste?«

»Allerdings. Sie ist natürlich gar keine Frau, sondern ein Mann, ein Jäger und ein Naturfotograf wie du noch dazu.«

Sie beugte sich über die Reling und rief hinab: »Holla, Tante Troll, aufgepasst.«

Das Floß war ungefähr noch vierzig Meter von dem Dampfschiff entfernt. Die darauf sitzende Person sah nach dem Deck empor, erkannte die, die sie angerufen hatte, und rief mit hoher Fistelstimme: »Ach Chottchen, Sie sind es, Threschen? Freue mich sehr, Euch zu sehen, wenn es nottut! Was war das eben für ein Tier im Wasser?«

»Ein schwarzer Spaniel, der von einem Passagier über Bord geworfen wurde. Aber kommen Sie doch an Bord. Schnell, schnell, ehe er wieder ins Wasser rennt!«

»Oho! Tante Troll reißt vor niemand aus, nicht einmal vor einem Spaniel, mag er schwarz, blau oder grün aussehen. Darf man das Vieh erschießen, wenn es nottut?«

»Natürlich nicht! Und das wird auch nicht nötig sein.«

»Wohin geht dieses Dampfschiff?«

»Soweit es genug Wasser findet«, erwiderte der Kapitän.

»Wir wollten an Bord und haben uns deshalb drüben am Ufer dieses Floß gebaut. Werdet Ihr uns aufnehmen?«

»Können Sie die Passage zahlen, Frau... oder Herr...? Ich weiß wirklich nicht, ob ich Sie als Frau oder als Mann heraufbefördern soll.« Der Stimme des Kapitäns merkte man die Verunsicherung kaum an.

»Als Tante, mein Herr. Ich bin nämlich Tante Troll, verstanden? Und was die Passage betrifft, so pflege ich mit gutem Gelde, oder gar mit EC-Karte zu bezahlen, wenn es nottut.«

»So sollen Sie die Strickleiter hinunter haben. Kommen Sie doch an Bord! Wir müssen machen, dass wir von dieser unglückseligen Stelle fortkommen.«

Die Strickleiter wurde herabgelassen. Erst stieg der jüngere hinauf, bekleidet mit einer schwarzen Cordhose mit enormem Schlag sowie einer zweireihigen Weste aus gleichem Material und goldfarbenen Knöpfen daran; alsdann erhob sich der andere, ergriff die Leiter, stieß das Floß unter sich fort und turnte mit eichkaterartiger Geschicklichkeit an Deck, wo er mit großen, ungemein erstaunten Augen empfangen wurde.

Monsieur Acheseau schenkte den beiden keine weitere Beachtung, winkte stattdessen der Kellnerin, die auch prompt kam.

»Möchten Sie noch eine Kleinigkeit trinken?«

»Nein, merci vielmals.«

Die so Informierte wandte sich wieder zum Gehen, kam aber nicht weit, denn Acheseau hatte eine Frage: »Wie heißt bitte die nächste Anlagemöglichkeit?«

Irritation überzog ihre Gesichtszüge. »Sparkasse oder Bank?«

»Unsinn!« Sein gepflegter Walross-Schnäuzer zitterte ganz leicht. »Ich meine: Wo kann man als Nächstes aussteigen?«

»Der Anleger liegt bei ›Xavers Ranch‹«.

»Er liegt dort? Am Ufer? Haben Sie den Mord beobachten können? Gibt es noch weitere Zeugen?« Acheseau wähnte, in seinem Element zu sein. Das Stockentenpärchen (lat.: Anas platyrhychos, wovon es nichts wissen konnte) glaubte dies von sich nicht; also mühte es sich, schnellstmöglich das unübersehbar gefährliche Gewässer zu verlassen.

»Es geht um den Schiffsanleger in der Nähe von ›Xavers Ranch‹, an dem nur bei Bedarf gehalten wird.«

So ließ er dem Kapitän ausrichten, dass er folglich des Bedürfnishalts an ›Xavers Ranch‹ bedürfe.

»Bedürfnis...? Die Toilette ist unten, mein Herr.«

Menschenhandel und Kannibalismus

War es in den Jahren zuvor nur um grammatikalische Prinzipien gegangen, dämmerte es ihr eines Tages beim Einkaufen, dass da mehr war, dass da eine Gefahr lauerte, so unsäglich, wie sie es sich nie hätte träumen lassen. An Karsamstag wurde die Ahnung Gewissheit.

Sie bummelte über den Platz mit den damals im April nur sehr sporadisch besetzten Plätzen des Straßencafés, als ihr Blick auf einen Werbeaufsteller eines Kleidungs-Discounters fiel. Dieser bot – und somit ja öffentlich – »20% Rabatt auf Baby und Kinder Bekleidung und Spielwaren«. Nun, generell Bekleidung und Spielwaren zu einem rabattierten Preis anzubieten, war an sich nichts Außergewöhnliches. Aber Kinder? Und sogar ein Baby? Schwebte etwa sogar eine Vielzahl derer in Gefahr, veräußert zu werden, und man hatte nur das Mehrzahl-s vergessen?

Nein... Sie versuchte, sich anhand des Gedankens zu beruhigen, dass es wohl wieder einmal um fehlende Binde- bzw. Wortergänzungsstriche ging. denn sonst hätte es ja eines Kommas nach dem Wort »Kinder« bedurft.

So unvermittelt konnte ein fehlendes Satzzeichen, ein fehlendes Komma, zu einer Gefahr für Leib und Leben Minderjähriger werden.

Aber auch Senioren waren deutlich nicht mehr so richtig sicher in dieser Gesellschaft. Das realisierte sie, als sie auf einer Postkarte in einem Rondell vor der Tür ihrer lokalen Buchhandlung die Aufforderung zu lesen bekam: »Wir essen jetzt Oma!« Ob der Zusatz »Satzzeichen können Leben retten« noch rechtzeitig fruchten würde?

So beschloss sie den Ausstieg, da sie in einer solchen Gesellschaft weder länger in deren Konventionen zu leben, noch auf verlorenem Posten gegen die Windmühlenflügel einer Bildungsmisere anzukämpfen wünschte. Und die Frage war zudem, ob diese Gesellschaft Leib und Leben ihrer Mitglieder wirklich noch achtete.

»Xavers Ranch«

Er hätte sehr wohl den direkten Weg wählen, zuerst seinen Trolley loswerden und einchecken können, irgendwie war ihm indessen mehr nach einem Stündchen Flanieren und Erkunden. So schlenderte er – gemütlich pfeifend – den Pfad am Seeufer entlang und genoss die Ruhe. Als er die scharfe Rechtskehre erreichte, um auf der Etappe den Hang entlang zu seiner Ferienbleibe zu gelangen, stieß er einen so lauten Seufzer aus, dass einige Fische in Ufernähe irritiert umherblickten.

Die kleinere der beiden Seeforellen (die mit den unregelmäßigen schwärzlichen Punkten auf der hellen Flanke, wovon sie naturgemäß nichts wusste) stieß mit ihrer stumpfen Schnauze, sachte in die ebenfalls helle, aber mit von Braun ins Rötliche changierenden, ringförmigen Punkten besetzte Flanke ihrer älteren Kollegin, die doch um einiges hochrückiger war (wovon diese ebenso naturgemäß nichts wusste), und machte sie mit einer ruckartigen seitlichen Kopfbewegung auf den Spaziergänger mit dem gelb-blonden Walross-Schnäuzer aufmerksam, der seinen rot-grün-karierten Trolley so vergnügte Schlangenlinien vollführen ließ.

Die Stunde plätscherte so dahin, verlängerte sich allein durch die Tatsache, dass der einsame Wanderer keine der Bänke entlang der Strecke ausließ und sich auf jeder für eine jeweils etwas länger werdende Pause niederließ, um sich für die Aussicht zu begeistern. So ging ein gehöriger Teil des Nachmittags ins Sauerland, und es wurde nun doch allmählich Zeit einzuchecken.

Monsieur Acheseau hob den Blick, den er eine ganze Zeit lang schon seinen doch einigermaßen staubigen Schuhen gewidmet hatte, und da lag sie: »Xavers Ranch«... die potentielle Erfüllung seines Erholungsbedürfnisses. Das Fachwerk-Ensemble vermittelte auf der Stelle noch bessere Laune.

Als er den runden, von Felsbrocken gesäumten, erhöht liegenden Parkplatz passierte, fiel sein geschulter Beobachterblick auf ein Auto in einer Lackfarbe, die man aktuell in keinem Katalog mehr fand: Orange! Bei dem Coupé konnte es sich, musste es sich folglich höchstwahrscheinlich um ein Fahrzeug aus den siebziger Jahren handeln. Ein noch leicht unsicheres Strahlen huschte über sein Gesicht. War das das Traumauto seiner Jugendzeit? Mit mindestens 40 und im besten Fall ab 1977 sogar heißen 75 PS. Nicht so eine 34 PS-lahme kastenförmige, bordeauxrote Kiste mit Revolverschaltung, kurz... Er beugte den Oberkörper geringfügig nach links, damit er das Heck von der Seite in Augenschein nehmen konnte, um ganz sicher zu gehen: ja, ein Kadett City, Baujahr geschätzt 1975.

Als er sich wieder aufrichtete, streifte der Blick seiner strahlenden Augen das Kennzeichen. »HSK-V...«, las er und überlegte, wofür das Kürzel »HSK« stehen könnte... In Meschede hatte er diese Buchstabenkombination überdies auf so einigen Kraftfahrzeugkennzeichen gelesen, sich hingegen noch keine weitergehenden Gedanken gemacht.

»Housekeeping« wäre eine mögliche Erklärung. Schließlich war das hier ein Hotel, und in der Hotellerie-Sparte – so wusste er – kümmerte sich die Housekeeping-Abteilung um die Arbeiten (also Reinigung und Instandhaltung) auf den Etageren. Folglich war dies der Wagen der Facility Managerin oder des Facility Managers – oder wie er es lieber ausdrückte – der bzw. des »Concierge«.

Das dünkte ihn letztlich einleuchtender, als das Kürzel »HSK« als »Hanyu Shuiping Kaoshi« zu interpretieren. Denn die Notwendigkeit für einen standardisierten Sprachtest für Chinesisch als Fremdsprache erschien ihm in dieser Gegend des Sauerlands nicht als zwingend gegeben.

Und was war das? Sein wachsames Augenmerk vermerkte ad hoc Spannenderes als das Kennzeichen... einen Aufkleber, deutlich einer, der – in schwarzer und oranger Zeichnung –

die Rolle hatte, das was »Der Siebte Sinn« des Ersten Deutschen Fernsehens nicht geschafft hatte – religiös verbrämt – zur Reduzierung der Zahl der Verkehrsopfer beizutragen. »Fahre nicht schneller, als dein Schutzengel fliegen kann!«, stand dort in kreisförmig angeordneter Druckschrift zu lesen, und quer durch diesen Kreis düste mit angelegten Armen besagter Schutzengel über eine schwarz-konturierte Wolke hinweg, während er – von orangen und schwarzen Fahrtwind-, besser gesagt Flugwind-Streifen flankiert – den Betrachter vielsagend schmunzelnd anblickte. Der ebenfalls orangefarbene Heiligenschein diente offensichtlich als Schutzhelmersatz, nein... Letzterer war in den Siebzigern außerhalb von irgendwelchen Rennpisten noch kein Thema.

»Die Quizfrage ist«, sinnierte Acheseau halblaut, »wie schnell so ein geflügelter Beschützer maximal unterwegs ist. Wie sonst sollte man sein eigenes Fahrverhalten dessen Fluggewohnheiten anpassen?«

Wo er gerade dabei war, in religiösen Sphären zu sinnieren... Es gab eine dritte Option: Man könnte »HSK« als »Hesekiel« interpretieren. Er wusste, dass viele Menschen in Deutschland den Propheten Ezechiel so anredeten. Und das »V« war die Abkürzung für »Vers«?

Die Pflastersteine des Areals mit den groben Holzbänken boten den vier Trolley-Rädern den geringstmöglichen Rollwiderstand im weiten Umkreis. So gelangte sein Besitzer ziemlich zügig zum Eingang, um sich informativ umzublicken, wo er den auf dem Schiff getrunkenen Kaffee zu Wasser lassen könne. Das schon merklich ältere Plakat, das auf eine längst vergangene Ausstellung zum Thema »Musca depicta« hinwies, mochte er ihm Moment nicht mehr als zur Kenntnis nehmen, denn ein Gast, der an ihm vorbeiging, konnte auf seine kurze drängende Anfrage hin mit einer Wegbeschreibung Ärgeres verhindern helfen. Der Franzose beeilte sich, seinen Trolley mit dem darübergehängten, dunkelblauen Mantel so im Vorraum der Örtlichkeit zu deponieren, dass er beides zumindest im Augenwinkel erahnen konnte, während er geschäftlich im Nebenraum unabkömmlich war.

»Musca depicta«... Er hatte für einen Moment ja nun erleichternde Muße, seinen Gedanken nachzuhängen. »Musca depicta«, das waren doch die Fliegen, die täuschend echt auf Gemälden der Renaissance oder sogar deren nur trompe-l'œil-mäßig gemalten Rahmen saßen und die sie unter die Lupe nehmenden Augenpaare irritierten. Einfach genial, was Maler wie Giotto fertiggebracht hatten, um sogar ihre Lehrmeister zu foppen. Er senkte seine Augen... Das Exemplar der »Musca depicta«, das dort regungslos im Vespasienne verharrte, selbst wenn man die Wasserspülung betätigte – er kannte nur das eine Wort, benannt nach dem Kaiser Vespasian, dem man nachsagte, dass er zu Fuß dorthin zu gehen pflegte –, war tatsächlich eine neuzeitliche Umsetzung, eine skulpturale Realisation des althergebrachten Augentäuschungsprinzips. Sachen gab's...

Wenn er jetzt Begleitung gehabt hätte... Damen spazierten ja prinzipiell zu zweit auf die Toilette. Jetzt meinte er zu wissen warum. Sie konnten sich austauschen, fachsimpeln über Dinge, die ihnen begegneten.

Er machte sich auf zur Rezeption, nur um festzustellen, dass mittlerweile noch andere vor ihm diese Prozedur zu durchlaufen beabsichtigten.

So blieb ihm nichts übrig, als einer seiner Lieblingstätigkeiten nachzugehen und diese Menschen haargenau zu mustern und für sein inneres Archiv zu kategorisieren.

Ganz vorne in der Schlange geduldete sich ein älterer Herr, der gerade von der Empfangsdame um die zur Registrierung notwendigen Angaben gebeten wurde: »Name?«

»Bauers Josef.«

Die Dame fragte nach: »Mit ›Ypsilon‹?«

Bahnte sich hier eine sprachliche Kulturkollision an?

»Nein, ganz normal mit ›f‹, nicht mit ›ph‹.«

Dem Gast wurde in der Folge ein erholsamer Aufenthalt gewünscht, was diesen zu der wohl richtigen Annahme veranlasste, mit dem überreichten Schlüssel zu seinem zugewiesenen Ferienapartment entfleuchen zu dürfen. Er tat dies mit sachtem Kopfschütteln und – wie man sehen konnte, als er an den Wartenden vorbei Richtung Ausgang schlenderte – mit verständnislos verdrehten Augen.

Die extrem hohe Stimme des so gut wie bartlosen Nächsten in der Wartereihe war für Acheseau keine unbekannte. Er hatte den Mann zwar eh vorher erkannt, gönnte sich allerdings erst jetzt Zeit, den kleinen, knubbeligen Menschen ausgiebig zu mustern. Was man auf dem Schiff noch für ein Kleid hätte halten können, war vielmehr ein überlanges, jagdgrün kariertes Flanellhemd, das er offen so über der Hose trug, dass er von hinten an eine alte Frau mit Nachthemd erinnerte. Unverkennbar gehörten der Träger der ausschließlich aus Lederflicken zusammengenähten Flatusenhaube, die er jetzt freilich abgelegt hatte, und die übrigen drei Männer zusammen, bildeten ein Kleeblatt, denn immer mal wieder wechselten sie einige verhalten gesprochene Worte untereinander, die offensichtlich sonst niemand mitbekommen sollte.

Was Tante Troll der Rezeptionistin zuraunte, blieb ebenfalls ein Geheimnis, in diesem Fall zwischen ihr, natürlich besser gesagt ›ihm‹, und der Angestellten mit der Lederweste über der adretten weißen Rüschenbluse. Ihr nietnagelneuer Cowboyhut, der auf ihrem Rücken ruhte, ruckte ganz leicht, als sie heftig schlucken musste ob des soeben Gehörten. Aus ihrem ungläubigen Blick konnte man alles Mögliche schließen. Sie rückte aber umgehend den Schlüssel heraus.

Den dritten Gast kannte Acheseau ebenfalls vom Schiff, wenngleich er ihn nicht für ganz so klein und schmächtig gehalten hätte.

»Hobel-Frank«, antwortete der um seinen Namen gebetene Hut- und Wanderbeutelträger freundlich, den Hut abnehmend und sich auf seinen gedrehten Wanderstab stützend.

»Demnach Frank Hobel...«, konstatierte die Besitzerin des sich auf die Tastatur des Registrierungs-PCs senkenden Zeigefingers.

»Nein, Hobel Bindestrich Frank«, entgegnete der Missverstandene, betont gedehnt. »Mein Name ist Hobel-Frank. Sonst hätte ich ein Komma mitgesprochen oder ein korrektes Sauerländisches ›s‹ an das Wort gehängt, das Sie als meinen Nachnamen assoziieren. Notieren Sie einfach nur meinen Künstlernamen, bitte.«

»›Hobel-Frank‹ also.«

»Geht doch.« Sein Bündel vom Tresen nehmend, tat er einige Schritte zur Seite. Erst jetzt fiel Acheseau auf, dass der Beobachtete nicht ganz rund lief. Ob diese körperliche Einschränkung unmittelbar mit seinem augenscheinlich ausgeübten Zimmermanns-Beruf zusammenhing oder ob er sich einfach nur auf der Walz den Fuß vertreten hatte, ließ sich hier und jetzt nicht ergründen; beides blieb im Bereich des Plausiblen.

»Und wer ist jetzt bitte...? Haben Sie auch einen Künstlernamen?« Sie wirkte gemäßigt angenervt, nach einem Blick auf den Button auf der linken Seite seines Jacketts, den das Portrait einer bildschönen Gans zierte, gleichzeitig aber irgendwie verunsichert.

»Klar. Man nennt mich den ›Gans-Tick-Onkel‹. Steht übrigens in meinem Ausweis.« Der hagere, stocksteif Dastehende lächelte gewinnend.

»Echt jetzt?«

»Ganz in echt! Schlussendlich konnte ich am Einwohnermeldeamt eine unter diesem Pseudonym überregional ausgeübte schauspielerische Tätigkeit nachweisen.«

Ihr Registrierungszeigefinger zittert schwach bei der Eingabe, korrigierte einen Fehler. »Das heißt mit ›z‹?« Sie fragte vorsichtshalber.

Der Hagere lächelte. »Zur Gans mit ›s‹ gehört der Ganter, bestimmt kein anderer Bekannter.«

Zum zweiten Mal musste der Finger sein Werk überarbeiten.

Der Vierte im Bunde drängelte sich neben den hageren Gans-Tick-Onkel. »Ralf Hawkens, wenn ich mich nicht vertuhuhu!« Sein Singsang ging mit einem strahlenden Grinsen einher, während sich seine linke Hand kontinuierlich um die Bändigung seiner in alle Himmelsrichtungen abstehenden, flachsblonden Haare bemühte.

Ihr Zeigefinger hatte seine alte schwebende Sicherheit wiedergefunden. »Sie sind mit dem Wagen da?«

»Nein, mit meiner Mary.«

»Sie haben ein Vier-Bett-Apartment gebucht...« Witterte sie Sittenverfall? In ihrem Verantwortungsbereich?

»Meine Mofa heißt Mary.«

»Mary?« Der Tonfall war extrem trocken.

»Das ist eine Abkürzung... ›Mofa‹, ergo ›M‹ ›of‹ ›A‹, heißt soviel wie ›Mary of Attendorn‹.

»Dann hat Ihr Stock da auch einen Namen, was?« Jetzt wollte sie offenkundig sarkastisch werden.

Er hob den so benannten Gegenstand an und legte ihn liebevoll auf den Tresen.

»Woher weißt du das?« Er sah ihr tief in die Augen... Vielleicht sogar tiefer.

Sie erwiderte seinen Blick, ohne mit den künstlichen Wimpern zu zucken. »Du?!«

»Du! Das... ist... ein... Mini... golf... schläger.« Staccato. »Kein... Stock!« Das letzte Wort hatte Mühe, dem Gehege seiner zusammengebissenen Zähne zu entrinnen.

»Namens?« Sie ließ nicht locker.

»Liddy.« Er schien den Grund für seine Antwort nicht zu wissen.

»Ist das gleichfalls eine Abkürzung? Vielleicht für: ›Loch in der dritten Yacht...‹? Und zwei haben Sie schon versenkt damit?«

Mooskollekte

Die Einsiedlerin hatte zusammengepackt, was zusammengehörte für ihre bevorstehende Mooskollekte. Das Wort gefiel ihr, obwohl es etwas hatte, dass sie an die Zeit denken ließ, in der sie mit ihren Eltern regelmäßig sonntags die Kirche besucht hatte. Da wurde auch kollektiert, oft genug – nein, zu oft – zugunsten »armer Heidenkinder«, wie der Pfarrer es auszudrücken pflegte. Wenn es nach ihr gegangen wäre, sie hätte schreiend aus dem Gottesdienst rennen mögen, denn sie stellte sich vor, dass zu ihr und ihren Eltern ein Missionar in die Wohnung kommen, ja, in ihr Kinderzimmer eindringen würde, um sie zu einem anderen, dem »(r)echten« Glauben zu »bekehren«. Das Wort klang nach Kehre, nach Reinemachen, nach Säuberung, als wäre, was andere Menschen glaubten, etwas Schmutziges.

Sie griff nach dem Matratzen-Sack mit dem Schlafmoos aus dem letzten Sommer, schlüpfte durch die Tür der Blockhütte, stapfte vergnügt zu ihren beiden Kompostern hinter dem Haus und leerte ihn davor aus, weil sie wusste, dass Moos grundsätzlich zur Kompostierung geeignet war, es jedoch mit Erde und anderen organischen Abfällen gründlich gemischt werden musste, um eine Zersetzung zu garantieren. Aber nicht heute, heute würde sie in ihren Wald gehen.

War sie eigentlich glücklich? Unweigerlich unterbrach sie einen Moment lang ihre Tätigkeit, wischte sich mit dem Handrücken ein paar Schweißtropfen von der Stirn und blinzelte in die Sonne.

Von einer Lehrerfortbildung, als sie noch an der Realschule Deutsch und Erdkunde unterrichtet hatte, wusste sie noch, dass der Fixstern unseres Sonnensystems wahrlich nicht zu den hellsten Kerzen des Weltalls gehörte. Doch dazu hatten die angehenden Leuchten der Gesellschaft in ihren Klassen auch nicht unbedingt gezählt. Fiel es eigentlich in die Kategorie unnützes Wissen, wenn man sich merkte, dass die dichtesten bekannten Sterne »Weiße Zwerge« genannt wurden, dass sie zwar aus normaler Materie bestanden, jedoch bei gleicher Größe eine Million Mal massereicher als die Erde waren? Der eine Spur zu schrullig wirkende Dozent hatte hinzuzufügen gewusst, dass sowohl diese, als auch die heißen »Unterzwerge« eine enorm hohe Oberflächentemperatur haben konnten. 180.000 Grad Celsius waren eine so beträchtliche Marge, dass sie, die Frau mit dem unglaublichen Faible für Zahlen, sich sogar den Namen des heißesten der Weißen Zwerge eingeprägt hatte: »SALT J 213742.6-382901«

Doublesse oblige

»Gibt's auch Fleisch?«

Die Kinderstimme im gelb-schwarzen BVB-Trikot mit der Nummer ›9‹ auf dem Rücken, die wohl auf sein Alter hinweisen sollte, hörte sich eindringlich laut und besorgt an.

»Nicht so laut! Die Leute gucken ja schon alle...«

»Gar nicht«, widersprach der kleine Mann mit dem großen »F« in den Augen, das durch die Nickelbrille irgendwie noch vergrößert wurde. »Das fände ich auch nicht unbedingt angenehm.«

»Was hältst du denn von einem leckeren Salat?« Die Mutter meinte es nur gut, unüberhörbar zu gut...

»Mutti, du weißt genau, dass das nicht so meins ist.«

Acheseau konnte sich für eine Fortsetzung der Begebenheit nicht interessieren, denn er hatte sich ihm Wichtigerem zuzuwenden.

»Die siebzehn, bitte sehr, der Herr!«

Mit diesen Worten kredenzte der Blondschopf seinem Gast einen Teller mit einer herrlich duftenden Mahlzeit.

»Möchten Sie noch ein Glas Champagner?«

Monsieur Acheseau konnte zur Bestätigung nur lächelnd nicken. Das Wasser in seinem Mund...

Das Nicken des Kellners war ein dienstbeflissenes; er machte auf dem Absatz kehrt und kehrte zur Küchentür zurück.

Der hungrige Gast machte sich daran, den ihm servierten Süßwasserfisch fach- und sachgerecht vom Rücken her zu tranchieren, als der Kellner schon wieder dastand und das durch die Temperatur seiner eleganten Füllung beschlagene Glas gegen das bereits geleerte austauschte.

»Wohlsein. Ich wünsche einen guten Appetit!«

Acheseau hatte fast gar nicht zugehört, obwohl er prinzipiell wusste, dass solches Verhalten nicht als gehörig anzusehen war. Sein Kopf vollführte ein automatisiertes Nicken, seine Augen ruhten erwartungsvoll auf der mit etwas rosafarbenem Fleisch beladenen Gabel, bevor sein Mund den ersten Bissen auf die Zunge gelegt bekam.

»Was für eine Geschmacksexplosion!« Und: »Mmh!« Ersteres konnte der begeisterte Gast noch in seinen Gedanken, sprich für sich behalten. Die zweite, eben die nonverbale Begeisterungsbekundung umspülte beim Kauen – obwohl dies kaum notwendig war – diese Köstlichkeit und wurde trotz seines geschlossenen Mundes hörbar.

»Schmeckt's?«

Acheseau öffnete die Augen. Das strahlende Lächeln oberhalb der weinroten Fliege seines Kellners bewies Verständnis für den Gefühlsausbruch. Er schluckte den Rest des Happens herunter, auf dass sein »Danke!« sich artikuliert auf den Weg zum Empfänger machen konnte... Er konzentrierte sich wieder auf seine Forelle, seine Seeforelle, um präzise zu sein. Das Rosa ihres Fleisches – weshalb man sie des Weiteren als Lachsforelle bezeichnete (wovon sie naturgemäß ebenfalls nichts gewusst hatte) – rührte von ihrem Speiseplan her, denn zu Lebzeiten hatte sie mit Vorliebe kleine Krebstiere verspeist.

Den zweiten, ein bisschen größeren Happen im Mund, fand Acheseau endlich Zeit, einen Teil der Vielzahl der übrigen Gäste zu mustern; und er musste diese Angewohnheit auch nur kurz unterbrechen, um ein wenig von der leckeren mehlig-kochenden Kartoffel zu sich zu nehmen. Köstlich! So etwas war sonst nur in den Niederlanden erhältlich. Vielleicht hatten die vielen Sauerland-Besucher aus dem Nordseeanrainerstaat ja zu dieser Speiseplanoptimierung beigetragen.

Ganz hinten im Raum saß das sonderbare Kleeblatt und unterhielt sich angeregt. Hören konnte man bis zu seinem Platz nicht das Geringste. Auf der anderen Seite, was ging es ihn auch an? Ihm fiel nur auf, dass der Gast in der schwarzglänzenden Lederhose und dem geblümten Hemd keine

Haare auf dem Kopf hatte. Hatte der Mofaankömmling an der Rezeption nicht noch einen Haarschopf besessen? Der Minigolfschläger lehnte jedenfalls an der Tischkante.

»Er wird seinen Grund haben...« Acheseau nickte still vor sich hin und gönnte sich einige weitere Bissen der köstlichen Forelle. Der knackig frische Salat erfreute sich ähnlicher Anerkennung durch den französischen Gourmet.

»Schmeckt's?«

Acheseau hätte bald den Mund wieder geöffnet, besann sich eines Besseren und beließ es beim Heben des Kopfes... Bloß um zunächst auf eine sonnengelbe Fliege, sodann auf das strahlende Lächeln besagten Kellners zu schauen. Wieso überhaupt eine sonnengelbe Fliege? Eben war sie noch weinrot gewesen. Da ihr Eigentümer sich, ohne eine Reaktion abzuwarten, wieder auf den Weg Richtung Küche gemacht hatte, blieb keine Möglichkeit nachzufragen, wie viele dieser Accessoires er gedenke, an diesem Abend zur Schau zu tragen.

Viel wesentlicher wäre es noch gewesen, sein Erinnerungsvermögen zu hinterfragen. Schließlich war er doch bereits einmal aufgetaucht, um sich nach der Zufriedenheit des Gasts zu erkundigen...

Eine erneute Füllung seines verwöhnten Mundes verschaffte ihm die Gelegenheit, seine Observation der Gäste fortzusetzen. Halblanges dunkelblondes, nicht mehr ganz so dichtes Haar sorgte für eine eher spärliche Bedeckung des rechten Ohrs des Mannes zwei Tische weiter Richtung Fenster. Acheseau fiel auf, dass der Anvisierte ein schwarzes T-Shirt mit einem von der Seite nicht identifizierbaren Aufdruck zu Bluejeans und Turnschuhen trug und dass er sich offenkundig an einem riesigen Schnitzel gütlich tat. Als er flüchtig aufsah und zu seinem Beobachter herüberschaute, trafen sich ihre Blicke... Vielleicht nicht das letzte Mal, wenn Monsieur Acheseau seinem Gespür trauen durfte.

Der Kellner mit der weinroten Fliege eilte an Acheseaus Tisch vorbei, um dem Schnitzel ein weiteres Bier zu bringen. Der Franzose musste grinsen. Das war eine typisch deutsche Service-Formulierung, die seine Gehirnwindungen gerade ausgruben und variierten: »Sind Sie die Seeforelle?« Er nickte bestätigend und zufrieden in sich hinein, während sein Augenmerk dem Kellner unbewusst folgte.

An der Küchentür traf er auf seinen Kollegen mit der gelben Fliege... Nur dass beide dasselbe Gesicht zwischen den minimal abstehenden Ohren trugen: Kellner-Zwillinge!

Am Lagerfeuer

Die unmerklich nach innen gebogene Klinge blitzte im schon frühherbstlichen Abendsonnenlicht gefährlich auf. Sie vollführte eine zügige, kreisende Bewegung. Ihr Besitzer musste achtgeben, dass er die Finger rechtzeitig wegbekam. Er war sehr zufrieden, denn der Schnitt war extrem sauber.

Zwischen Daumen und Schneide fasste er fest zu und packte einen Fetzen Haut, der sich an einer Stelle unweit des linken Zeigefingers leicht hochwölbte. Er riss kurz und ruckartig. Skalpieren war gar keine Erfindung der »Indianer«, wie man sie früher nannte, heute aber nach Auffassung einiger Betroffener fälschlicherweise nicht mehr[1], schoss es ihm plötzlich durch den Kopf. Zeitweise hatte im 19. Jahrhundert sogar die Regierung in Washington Kopfgelder ausgesetzt für den Haarschopf eines Indigenen. Und schon von den alten Skythen waren solche Praktiken der Trophäenaneignung überliefert.

Das Hümmelken war scharf, sehr scharf. Seine Mutter hatte es ihm dagelassen, als sie die Familie verließ. Sie müsse sich selbst finden, hatte sie gesagt. Da war er gerade mal sieben gewesen. Ihre augenscheinlich erfolglose Suche dauerte nun schon geschlagene einunddreißig Jahre. Und so war dieses Messer das einzige, das ihn an sie erinnerte... Die übrigen fünf hatte sie mitgenommen, einfach eingepackt. Gekauft worden waren sie im halben Dutzend, des Preises wegen, beim Discounter, alldieweil es solche Angebote nur ab und an mal gab. Und wer wusste, ob nicht mal wieder ein Notstand...?

Ein letzter kurzer Blick auf sein Werk, dann schleuderte er die Bohne in den Topf über dem Feuer, in dem das Fett des

[1] Der Lakota Russell Means (1936 – 2012), Schauspieler und Aktivist des »American Indian Movement« lehnte den Begriff »Native Americans« wegen seiner Generalisierung aller indigenen Völker des Landes ab und bezeichnete sich daher selbst als »American Indian«.

gewürfelten Schweinespecks bereits ausgelassen brodelte und worin sich die gehäuteten Hülsenfrüchte mit den Streifen geräucherten Specks und den vor Vorfreude glasigen Zwiebeln vergnügten. Er hatte sich ein Beispiel genommen an seinem Kollegen, der ihrem gemeinsamen Kumpel beim Kochen stets sagte: »Leo, spar Rapsoel«

An die alte Schote mochte er weiß Gott nicht länger denken, geschweige denn sie an jemand anderen weitergeben... Mithin warf er sie über die Schulter ins Gebüsch. Er griff nach der Nächsten, drückte vorsichtig auf ihre seitlichen Nähte. Als sie mit einem appetitlich schmatzenden Laut aufplatzte, huschte ein Lächeln der Vorfreude über seine wettergegerbten Züge. Dicke Bohnen mit Speck... mmh!

»Western-Abend«

Es geschah einfach... Einfach so.

Willenlos ließ sie sich anheben, dem begehrend ausgestreckten Arm entgegendrücken. Sie fühlte nichts, keinerlei Regung in ihrem formvollendeten, vinylschwarzen Körper. Wie in weiter Ferne war ein fast rhythmisches Klopfen zu vernehmen... Indes eben nur fast. Die Rotation, in die sie augenblicklich versetzt wurde, spürte sie nicht. Gleißend buntes Licht verlieh dem Ganzen etwas Unwirkliches, gleichzeitig Faszinatives... Soeben legte der bis dato wartende Arm seine Nadel sorgfältig in ihre Rille. Nie zuvor war ihr dergleichen passiert. Aber warum nicht...? »Je t'aime«

Monsieur Acheseau wusste nach den wenigen Instrumentaltakten Bescheid, lange ehe er Jane Birkins Stimme aus dem Lautsprecher der Jukebox vernahm. »Je t'aime« Er hielt kurz den Atem an, fasste dann schnellstmöglich in seine linke Hosentasche, fischte sein Handy heraus und machte spontan ein Égoportrait mit dem Gerät, ohne dass er zunächst den Schriftzug im linken Teil des beleuchteten Fensters gelesen hätte. Was dort stand – live und in Farbe –, lautete: »Wurlitzer Phonograph« und war ein Modell 1015, Baujahr schätzungsweise 1947. Der Rest des schwungvollen Schriftzugs verifizierte Monsieur Acheseaus Vermutung. Das war »America's favorite nickle's worth of fun«.

Da! Wieder dieses Klopfen... wie zuvor, wieder viermal hintereinander. Es wiederholte sich... jedoch in unterschiedlicher Abfolge. Mal war der hellere Schlag an zweiter, mal an dritter, dann wieder an erster oder erst vierter Stelle zu hören. Geheimzeichen? Ein akustischer Code? Gar ein neuer Fall? Planten hier irgendwelche Gauner getarnt durch die Kulisse guter Rock- und Popmusik einen illegalen Handel aufzuziehen? Womöglich mit Stereoiden und Diabolika? Nein... Jetzt hatte er's: Vier Fäuste! Halleluja! Acheseau hatte die Geräusche infiziert: Das waren Fäuste, die auf eine hölzerne Unterlage schlugen... Und der hellere Klang rührte von zuerst auf die Fläche auftreffenden Fingerknöcheln her, der dunkle von einer schwieligen Handkante.

Hier in der »Gülle-Disco« hing gleichermaßen das Plakat, auf das er beim Verlassen des Restaurants aufmerksam geworden war: »Western-Abend«. Das Datum unterstrich, dass der an diesem Abend stattzufinden gedachte. Was im Einzelnen er sich darunter vorzustellen hatte, wusste er immer noch nicht, weil die Rezeption zurzeit nicht besetzt war, und so hatte er beschlossen, noch eine Abendrunde zu drehen und anschließend mal am Veranstaltungsort vorbei- bzw. reinzuschneien.

»Western-Abend«... War das vielleicht – so hatte er gemutmaßt – ein Thekengelage von Herren gesetzteren Alters, die sich einen Korn oder Wacholder – nein, heute sagte man ja Gin – nach dem anderen genehmigten, indem sie eine Flasche über den Tresen schlittern ließen, diese mit schnellem Zugriff vor dem Fall von selbigem bewahrten, um sich und ihrem Umfeld nachzuschenken? Und um bei Meinungsverschiedenheiten ihren Colt zu ziehen?

Einen unachtsamen Augenblick lang war nun doch das Eigentliche aus seinem Blick geraten. Gebannt beobachtete er das weitere Geschehen in dem Schaufeld, das von seitlich angebrachten, farbig beleuchteten Röhren eingerahmt wurde, die oben zu einem Halbkreis zusammenliefen und in denen beidseitig kontinuierlich Luft- oder Gasblasen aufstiegen, um die Bewunderung des Betrachters wieder einzufangen und zurückzuleiten. Hier spielte die Musik...

Nein, gerade nicht, denn die tönende Scheibe war in ihre Halterung abgesenkt und diese wieder in ihre Ursprungsposition zurückgeschwenkt worden.

Acheseau trat näher heran. Er zückte sein Portemonnaie, den nach einem Einwurfschlitz suchenden Blick fest auf die Karosserie des ingenieurtechnischen Wunderwerks gerichtet. Es gab drei! »25 c«, »10 c« und »5 c« war darüber eingraviert.

Gab es hier so viele niederländische Gäste, dass sie sich ihre Musik durch Einwurf eines »Kwartje«, oder zweier »Dubbeltjes« und eines »Stuiver« bzw. eines »Dubbeltje« und dreier »Stuiver« selbst zusammenstellen durften? Einem Detektiv schossen von Zeit zu Zeit schon kuriose Fragen durch den Kopf: Es gab doch den Euro... Wie sollte das gehen?

»Hochzeit!!«

Er wendete den Kopf so ruckartig, dass er beinahe sein Kleingeld ausgeschüttet hätte.

»Erster Fehl geht mit, wenn's nottut.« Tante Trolls Stimme hatte etwas hellauf Jubilierendes.

»Ach so.« Die leise, französisch geprägte Aussprache konnte niemand außer ihm hören. Mochten hier Geschäfte ablaufen, die zum Himmel stanken? Doch ein neuer Fall? »Gülle-Disco« wäre somit ein »telling name«, einer der wenigen Ausdrücke, die ihm sein Englischlehrer seinerzeit beizubringen vermocht hatte. Immerhin... Denn den französischen Fachbegriff hatte er nicht marmoriert.

»Nein, nein! Ich sitze vorne... Also: Fleischlosen!« Der Gans-Tick-Onkel duldete keine Gegenrede.

Acheseau stutzte. Wie konnte man vorne sitzen, wenn man um einen Tisch herum hockte? Und was ging hier ab? Plante man einen Mord? Und die Entsorgung des Opfers? Er schaffte es, seine Geldbörse zu bändigen, so dass sein Blick dem Gehörten Aufmerksamkeit schenken konnte. Weiter hinten in dem halbdüsteren Saal saß das Kleeblatt und frönte wohl einem Kartenspiel. Der Gans-Tick-Onkel legte nach: »Befrei die Gans von ihren Knochen, und der Geschmack bleibt ungebrochen...«

»Was möchten Sie trinken?« Die Rüschenbluse samt Cowboyhut hatte den Einsatzort gewechselt. »Der Ausschank ist gleich da vorne.« Die Realität hatte ihn wieder.

»De l'eau minérale, s'il vous plaît.«

»Bien sûr, Monsieur...« Wesentlich entspannter als noch bei der Anmeldung widmete sie sich ihrer Auf- mit Hingabe. Doch da war auch mehr los gewesen. »À votre santé, Monsieur«, ließ sie sich wieder vernehmen. Ihr Lächeln hätte das Eis in seinem Wasserglas schmelzen lassen mögen. »Möchten Sie noch mehr solche Musik genießen?«

»Ich würde gerne...«

»Aber Ihnen fehlt das nötige Kleingeld...?«

»So ist es. Hätte man die Bedienung der Jukebox nicht schon vor zwanzig Jahren umstellen sollen? Von niederländischen Cent auf Euro?« Seine die Frage unterstreichende Hand blieb mit den Knöcheln nach unten auf dem Holz der Theke liegen. Die Handfläche spürte, dass ihr etwas Metallenes hineingelegt wurde, etwas, das kälter war als sie selbst, von Fingern, die noch untertemperierter waren. Sehen durfte ihr Eigentümer noch nichts, wurden doch seine Finger mit sanftem Druck dazu gebracht, das in Empfang Genommene zu umschließen.

»Sie sind doch der Detektiv, n'est-ce pas?«

Etwas in ihrem Blick machte ihn konfus. »Ihre Hand ist sehr kühl...« Woran erinnerten ihn diese hochnebelgrauen Pupillen?

»Sèrecule...«

»So sagte ich...« Worauf wollte sie hinaus?

»Sèrecule, meine Hände sind immer sehr kühl, Sèrecule.«

»Sie wiederholen sich...«

»Mit Verlaub, ich benutzte stellenweise Ihren Vornamen, Sèrecule. Weil... Ich frag für 'ne Freundin: Sie haben doch damals den Tod auf der Ruhr...«

Er winkte ab. »Schweigen wir von etwas anderem.«

Sie nickte stumm.

»Sèrecule...«

»Ja?«

»Ich bewundere Sie.«

»Ich wäre der Letzte, der dafür kein Verständnis hätte; da geht es Ihnen wie mir.«

Einen Finger nach dem anderen öffnete sich seine Hand. Sein fragender Blick suchte den ihrigen.

»Einen ›Quarter‹, zwei ›Dime‹ und einen ›Nickle‹ bzw. einen ›Dime‹ und drei ›Nickle‹ benötigt diese amerikanische Wundermaschine, um für zwei Minuten dreißig oder so zum Leben zu erwachen. Die schenke ich Ihnen. Suchen Sie sich Ihr Lieblingslied aus!«

Sèrecule Acheseau war zu gern gewillt, der Einladung folgen, als...

»Schwarz! Hab' ich euch doch prophezeit.« Der Sieger schaute triumphierend in die Runde.

»Wie viele Punkte?« Ralf Hawkens Stimme wirkte genervt.

»Schwarz, keine dreißig...« Hobel-Frank begann, das Geschehen zu resümieren, derweil er mit dem rechten Daumen die Fingerglieder der übrigen Finger selbiger Hand der Reihe nach berührte; er wurde unterbrochen.

»Was wird das, wenn's fertig ist, werter Cousin?« Tante Troll verlangte eine Erläuterung.

Die war einfach. »Ich finde es praktischer, wenn man – wie im Mittelalter üblich – an einer Hand bis zwölf zählen kann. Bei zwei Händen kommt man so auf zwei Dutzend...«

»Ja, ja, schon gut... Schwarz, schwarz...!« Der Gans-Tick-Onkel meldete sich zu Wort... ausnahmsweise. »Wie bereits erwähnt: Ich hatte es angesagt. Das war doch wohl das Highlight des Abends, oder?«

Das war zuviel für den Mann im schwarzen Cord. »Ob Hochlicht oder Kellerfenster ist mir völlig egal. Deine Anglismen sind für mich einfach ein ›no go‹«

»Du meinst ›Anglizismen‹, wenn ich mich nicht vertuhuhu.« Hawkens grinste.

»Du sollst mich nicht inständig...!« Das Dämmerlicht vermochte seine ansteigende Gesichtsrötung nicht recht zu kompensieren.

»Du meinst ›ständig‹, oder?«

»Von mir aus... also ständig verbessern!«

»Korrigieren...«

Acheseau verließ die Lokalität mit einem kurzen Winken Richtung Cowboyhut, bevor er Zeuge irgendwelcher Handgreiflichkeiten hätte werden können. Schließlich war es schon... Nach einem informativen Blick auf seine Patek Philippe-Sonderimitation versuchte er, die neu erlernte Zählweise nachzuvollziehen. Bis neun kam sein rechter Daumen, bemerkte dann rasch, dass die Glieder des kleinen Fingers kürzer waren als die restlichen...

»Ist es mithin nun erst kurz vor zehn?«

Die Kapelle

»Du musst sie vorher blanchieren!« Die Stimme klang sehr bestimmt, so, als dulde sie keine Widerrede. Ihr Eigentümer verdrehte die Augen.

»Hä?«

»Dat heißt ›wat‹!«

Der Zurechtgewiesene ließ das Messer sinken. Unvermutet heftig blendete das grelle Aufblitzen der Klinge den kleinen Waldkauz (lat.: Strix aluco, was diesen allerdings nicht einmal interessiert hätte, wenn er es gewusst hätte), der auf dem weit ausladenden Ast der knorrigen Buche über ihm saß. Die Revanche folgte auf die Schulter... Die durch den Schreck gelöste, ätzend-zähe, weiße Masse sickerte ohne Zögern in die Fransen des Jackenärmels aus hellbeigem Hirschkalbleder.

Der Aufschrei seines Eigentümers fraß sich durch die erholsame Stille des Forstes von Schmallenberg-Lengenbeck. »Verfluchtes Mistvieh!«

Das aber strich seelenruhig davon; einen Flügelschlag hätte man selbst bei absoluter Stille nicht wahrnehmen können. Und es war normalerweise sehr still vor Klause und Kapelle auf dem Heidberg.

»Soll ja Glück bringen.« Sein Kumpel klatschte ihm die flache Hand ins Kreuz.

Ebenso blieb der lapidare Kommentar des Oberst nicht lange aus: »Da fahren die Leute mit ihren Mountainbikes in die Pampa und wundern sich dann, dass es da so etwas wie Natur gibt.«

»Ich schei...!«

»Nun krieg dich mal wieder ein, Olli! Am besten, du lässt das einfach trocknen und bürstest die Kacke später einfach mit einer Bürste ab.«

»Und wenn doch ein Fleck bleibt?«

»Ein paar Tropfen Haushaltsessig und zuhause ab in die Waschmaschine... Muss man euch noch die simpelsten Dinge des Alltags beibiegen?«

»Wie wär's vor dem Essen mit einem Gruß aus der Kirche für jeden von uns?« Und mit Blick auf den Hordentopf über dem Feuer: »Das mit der Küche dauert ja noch was.« Der lange Leo hatte ihn unterbrochen, über alle vier Backen grinsend, als er davonschluffte, um an besagter Örtlichkeit nach einer entsprechenden Flasche Ausschau zu halten.

»Bist du kirre im Kopp? Dat olle Zeug kannze dir inne Haare schmieren, wenn da überhaupt noch wat is... Und heb endlich mal die Füße hoch beim Laufen, Mann...«, rief Rolli-Olli ihm nach. Nervös zupfte er an der namensgebenden, wärmenden Halsöffnung seines beige-braun quergeringelten Pullovers.

»Du spielst nicht auf mein minimal gelichtetes Haupthaar an, oder? Sind doch meine Schuhsohlen, die sich abnutzen...«

Ein Dritter, von den anderen nur »der Klugscheißer« genannt, musste sich einmischen. »Da hat er recht. Und die sind noch lange nicht so abgenutzt wie deine Sprüche.

»Ich nähme wohl einen vor dem Essen.« Der Oberst entnahm der Satteltasche unterhalb des Sitzes seines Mountainbikes ein Weinglasetui, ohne das er so gut wie nie die Wohnung verließ, wenn er sich für einige Zeit auf Reisen begab, öffnete mit einer eleganten Bewegung aus dem Handgelenk dessen Reißverschluss und zelebrierte einen Kristallglaskelch hervor.

Die knapp unterhalb der Brusttasche seines Breitcord-Sakkos angeheftete Ehrenmedaille des Landes NRW, die ihm in jungen Jahren von einer der drei Innenminister:innen-Assistent:innen verliehen worden war für seine Verdienste um die Freiwillige Feuerwehr seines Heimatorts, pendelte in ihre Ausgangsposition zurück. Das oberhalb davon in der Brusttasche prangende Mikrofaser-Pochette – er hatte es sein »Spezial-Einstecktuch« benannt – war wie geschaffen, um das Weinglas nach dem Anhauchen auf Hochglanz zu bringen, letztendlich war es sein Ausdruck von Individualität. Er hatte so manches Mal überlegt, ob das Biedermeier nicht eher seine Zeit gewesen wäre... Klar waren Idylle und innere Ruhe seit Langem sein Ding; die Häuslichkeit hingegen würde er jederzeit hinter seine Naturverbundenheit zurückstellen. Das war letztlich ja der Grund gewesen für die Gründung der Mountainbike-Gruppe.

Er trug Sakko, und weil das Einstecktuch bis zu dessen Erfindung zur Reitkleidung getragen wurde, befand er die Kombi einfach für optimal als seine individuelle Fahrradbekleidung. Das hatten die Modemacher der 1990er Jahre gleichfalls eingesehen, als sie das Tuch als Farbakzent und somit Zeichen für den geschmackvoll gekleideten Mann nach vierzig Jahren Ignoranz wiederentdeckt hatten.

Leo hatte in der Kirche vergeblich nach ein wenig Trinkbarem gesucht, war deswegen noch zur Klause hinüber geschlichen. Deren Tür stand jetzt offen.

Ehe er sich entschied, Leo – wenn der endlich mit etwas Trinkbarem käme – das Glas geduldig entgegenzuhalten, würde er zunächst längere Zeit zuwarten, bis dass dieser – zunächst durch kräftiges Pusten, sodann unter Zuhilfenahme eines riesig großen Stofftaschentuchs den gröbsten Staub von der Flasche entfernt und mittels eines Taschenmesser-Korkenziehers umständlich geöffnet hätte. So blieb genügend Zeit sich umzusehen.

Er hatte viel über die Kapelle gehört und gelesen. Ja, er hatte sogar Anfang März probiert, sie zu Fuß zu besuchen, war selbstredend kläglich gescheitert, denn zum einen hatte er nicht damit gerechnet, um diese Jahreszeit noch verharschten Schnee auf dem Waldweg vorzufinden, zum zweiten waren die in die Jahre gekommenen, hölzernen Hinweisschilder zur Klause nicht mehr im besten Zustand, fehlten stellenweise sogar. So war er unverrichteter Dinge wieder umgekehrt, hatte sich gleichwohl geschworen, zusammen mit seinen Männern, den »Tramps«, wie er sie stolz nannte, zurückzukehren.

Er hatte sich die Analogie zu Pedale-trampelnden Zweirad-Freaks für sich und seine Truppe selbst ausgedacht.

Tagesausklang an der Theke

Alt werden kam für Sèrecule Acheseau heute Abend nicht infrage. Zu anstrengend waren die Anreise und die vielen damit verbundenen Eindrücke gewesen. Er wollte nur ganz in Ruhe einige »Bierchen zischen«. So sagte man wohl im Deutschen, wenn es darum ging, seinen Durst zu löschen, hingegen nicht zuviel Zeit dafür aufzuwenden bereit war.

»Ich nehm' auch ein Frisches aus Ihrem Zapfhuhn da«, witzelte das Schnitzel vom frühen Abend und wies auf die Quelle seines Wunschgetränks. Er trug noch dieselbe Kleidung, mit dem Unterschied, dass der Aufdruck auf dem schwarzen T-Shirt nun leserlich war: »LED ZEPPELIN« prangte in Großbuchstaben unterhalb einer Zigarre, die fliegen konnte... Ein Mann mit Geschmack, ein Bruder im Geiste!

»Sie müssen heute mit einem Bier aus dem Hahn vorlieb nehmen.« Die Bedienstete hinter der Theke beliebte offensichtlich nicht zu spaßen.

»Warum ist das so?« Unter dem leicht schütteren Haupthaar funkelten zwei strahlend blaue Augen neugierig über den Tresen hinweg, während er sich neben Acheseau auf einen Barhocker installierte.

»Das Huhn nimmt an einem Ausflug teil«, lautete die lapidare Erklärung, als sie ihm das gewünschte Getränk kredenzte. In der Folge konzentrierte sie sich wieder auf das Polieren der ihr anvertrauten Edelstahloberflächen.

»Ausflug? Eher Ausflüchte.«

Innerlich stimmte Acheseau ihm zu.

Da hier ja keine Unterhaltung in Gang zu bringen war, wandte sich der Turnschuhträger vertrauensvoll an seinen Nachbarn. »Wie nennt man heutzutage einen weiblichen Truthahn?«

Als die Antwort ausblieb, musste er halt selbst die Lösung liefern: »›Putin‹! Hahaha...« ...und hatte einen Grund gefunden, sich vor Lachen auf die Oberschenkel zu schlagen. Ein Seitenblick auf Monsieur Acheseaus gequälten Gesichtsausdruck ließ ihn eine Spur ernster werden und eine neue Idee realisieren.

»Lust auf eine Wette? Um ein Bier?« Er war wohl einer von den ganz Kommunikativen. Acheseau lehnte nicht fix genug ab.

»Sie schreiben...« Er stellte sich auf den Metallring, der die vier Beine seines Barhockers vor dem Spreizen bewahrte, und fischte nach einem neben dem Spülbecken liegenden Kugelschreiber. »...vier fünfstellige Zahlen auf diesen Bierdeckel. Dann schreibe ich ebenfalls vier solche Zahlen dazu. Sie müssen anschließend die acht Zahlen addieren. Klar, dürfen Sie Ihr Handy benutzen, wenn es Ihnen im Kopf zu heftig ist. Ich notiere auf der Deckelrückseite dann mal das Ergebnis.«

»Und wozu soll ich die Zahlen noch addieren, wenn Sie das Ergebnis kennen?«

»Der Clou ist, dass ich das Resultat schon jetzt vorhersage. Ich kenne Ihre vier Zahlen ja noch gar nicht.«

»Ach so.«

Der französische Ton dieser eigentlich lapidaren Einsichtserklärung fiel weiter nicht auf.

»Also?«

»Und was daran ist eine Wette?«

»Wenn ich es schaffe, die korrekte Summe vorauszusagen, müssen Sie ein Bier spendieren.«

»Und falls nicht?«

»Dann nicht.«

»Das benachteiligt meine Wenigkeit, oder?«

»Na schön, dann bezahle ich mein Bier selbst.«

»Und das meine?«

»Okay, wenn es so sein soll...«

»Hier ist der Deckel, und hier ist der Stift.« Die Kommentierung der Übereignung der Gegenstände wäre dramaturgisch nicht zwingend zwangsläufig gewesen.

Sèrecule Acheseau nahm mit einem Kopfnicken die beiden Wettutensilien, überlegte einige Sekunden lang und reklamierte das Prozedere. »Sie haben vergessen, die Prophezeiung vorherzusagen...«

»Stimmt... Wie konnte ich...?« Er vermerkte etwas auf dem Pappstück und gab es postwendend gewendet zurück.

»Jetzt sind Sie an der Reihe.«

»D'accord, Monsieur.« In der Schule hatte sein Banknachbar stets mit vorgehaltener Hand zu verhindern gesucht, dass er oder andere Mitschüler bei Klassenarbeiten an seinem Wissen partizipieren oder gar teilhaben konnten. Nun konnte er diese Erfahrung einmal selbst anwenden... Aber, machte das jetzt wirklich Sinn? Egal... Nach nur Bruchteilen von Sekunden notierte er die erste Zahl, kurz darauf die zweite; für die dritte und vierte brauchte er kaum mehr Zeit. Mit einem forschenden Blick in die Augen seines Gegenübers gab er den Bierdeckel zurück zwecks der Ergänzung um weitere Zahlen.

Nur unwesentlich länger dauerte das Notieren durch seinen Wettgegner. Jetzt war es an ihm, die korrekte Summe zu ermitteln.

»Na, wie möchten Sie's halten... Mit oder ohne die Taschenrechnerfunktion Ihres Handys?«

»Ohne natürlich. In meinen ersten Autofahrer-Jahren habe ich beim Betanken meines ersten Wagens immer den Spritverbrauch im Kopf ausgerechnet, Sie wissen ja: Getankte Spritmenge mal hundert, geteilt durch die Gesamtzahl der seit der letzten Tankfüllung gefahrenen Kilometer, gleich durchschnittlicher Verbrauch pro hundert Kilometer... und das auf zwei Stellen nach dem Komma.«

»Alle Achtung! Denn mal los. Hier sind die acht Zahlen...«

Acheseau pflückte ihm den Deckel aus der Hand und inspizierte die vorgegebenen Zahlen... links die, die er sich erdacht hatte und rechts daneben die seines Gegenübers:

42.738	57.261
69.584	30.415
39.549	60.450
42.671	57.328

Er legte den Deckel auf den Stapel mit den übrigen. »Das ist so simpel wie nur was«, verkündete er nicht ohne Stolz. »Das Ergebnis lautet: 399.996!«

»Stimmt exakt überein mit meiner Vorhersage.«

»Wie jetzt?«

»Schauen Sie...« Er drehte den Bierfilz auf links. »399.996... Genau meine Vorhersage.«

»Das ist nicht wirklich das Kunststück, für das Sie ein Bier erwarten wollen. Sie ergänzen jede einzelne meiner Zahlen auf 99.999 und das Produkt aus vier mal 99.999 ergibt logischerweise 399.996; das ist kein Kunststück!«

»Okay, Vorschlag zur Güte: Wir trinken zusammen noch zwei Bier, und jeder zahlt seins, einverstanden?«

»Keine Einwände.«

»Einen Versuch habe ich noch, wenn Sie einverstanden sind.«

Musste der Mann einen Durst haben...

»Was stellen Sie sich da vor?«

Während er eine Schachtel Streichhölzer auf den Tresen entleerte und die Teile des Baumstammpuzzles parallel zueinander anordnete, wurde Acheseau die zweite Wette erläutert: »Jeder von uns legt abwechselnd mindestens eins und maximal vier Zündhölzer zurück in die Schachtel. Wer das letzte Hölzchen aufnimmt, verliert. Soweit klar? Sie dürfen anfangen...«

»War ja nicht so ganz schwer zu verstehen«, schmunzelte der Angesprochene, entfernte drei Hölzchen aus der Reihe und deponierte sie sorgfältig in ihrer Pappschublade. »Jetzt

Sie... Wir haben einander noch gar nicht vorgestellt. Mein Name ist Sèrecule Acheseau.«

»Ich bin der Schorsch, angenehm.« Seine zwei Hölzchen fanden den gleichen Weg zurück nach Hause.

»Freut mich, Monsieur Angenehm.« Er nahm dieses Mal nur ein Stäbchen.

Der andere lachte schallend auf. »Nein, einfach nur ›Schorsch‹, woll?« Bei ihm wurden es vier Hölzer.

»D'accord, Schorsch.« Acheseau entschied sich für zwei der Rotkäppchen. »Dann dürfen Sie auch Sèrecule zu mir sagen.«

Schorsch dachte kurz nach und separierte drei von den restlichen Zündhilfen. »›Schorsch‹ und ›du‹, bitte! Du bist dran, Sèrecule...«

»Ich gebe mich geschlagen.«

»Was? Warum?«

»Ich hätte das Prinzip eher erkennen müssen.«

»Prinzip?«

»Jetzt tu nicht so scheinheilig. Du sorgst dafür, dass immer eine durch fünf teilbare Anzahl an Sticken plus eins...«

»Woher kennst du den Ausdruck? Als Belgier...«

»Franzose immer noch und solange ich lebe!« Einigermaßen vehement zwirbelte er sein rechtes Walross-Schnäuzer-Ende zur Bestätigung.

»Sei's drum, woher kennst du den Ausdruck ›Sticken‹«? Als Franzose...«

»Plattdeutsch könnte mein Hobby werden, eines von vielen... zu vielen vielleicht.«

»Ich fühle mich durchschaut.«

»Das Bier geht trotzdem auf mich, d'accord?«

»Einverstanden.«

Sie leerten auch diese Gläser und zahlten.

Acheseau hatte gute Laune. »Wir sehen uns beim Frühstück.«

Blaues Blut

Baulich war die Kapelle in einem erbärmlichen Zustand. Das wurde ihr wieder einmal schmerzlich klar, als sie sich ihr in großen Schritten von hinten über den Waldwirtschaftsweg näherte und ihr die wunderschönen farbigen Scheiben der vier Fenster in den Sinn kamen. Deren Rahmen allerdings... Ihr Blick wanderte in Gedanken ihren Schritten voraus, weiter über das Areal, das seit ihrem Ausscheiden aus Ehe, Landesdienst und dem, was man landläufig als »Zivilisation« bezeichnete, ihr Zuhause bedeutete. Ja, das war das zutreffende Wort. Sie war endlich zuhause.

Die Klause war fraglos passabel... Sie wollte es ja einfach... in jeder Hinsicht. Wasser- oder gar Stromanschluss brauchte sie nicht. Trinkwasser lieferte eine Quelle in der Nähe, und die Erfindung des elektrischen Stroms wurde per se überbewertet. Heizen konnte sie mit Holz, und alles, was sie für ihre Ernährung nicht entbehren konnte, lieferten der Wald und ihr Selbstversorgergärtchen, das neben Möhren und weiterem einheimischen Gemüse durchaus auch Exotisches zu bieten hatte: Huacatay etwa, Gewürztagetes aus den Anden. Sie nutzte sie nicht nur für Suppen und Saucen. Manchmal kredenzte sie sich einen Tee daraus. Was noch fehlte – Reis oder Nudeln etwa – konnte sie sich leisten zuzukaufen, wenn sie nämlich mal wieder überzählige Samen auf dem Wochenmarkt verkaufte, darunter Sorten, die annähernd ausgestorben schienen.

1945 hatte das Blockhaus amerikanischen Truppen vorübergehend als Befehlsstand und nach dem Krieg bis 1975 Spaziergängern als Ausflugslokal gedient. Wegen zahlreicher gründlicher Erneuerungen sah man davon nicht mehr viel.

Das Kapellchen jedoch... Mein Gott!

Die aus Weidenruten geflochtene Kiepe auf ihrem Rücken wippte bei jedem ihrer elastischen Schritte, quoll dabei sogar über, soviel Schlafmoos brachte sie mit nach Hause. Noch eine letzte Wegbiegung...

Doch was war das? Feuerschein huschte über die Lichtung. Und Stimmen waren zu hören. Laute Stimmen... Männerstimmen.

»Was geht hier vor sich?« Resolut schritt sie auf den Mann mit dem Weinglas in der Hand zu. »Sie können hier doch kein Feuer...«

»Siehst du doch, dass wir können... Wer bist du überhaupt, dass du dich hier so aufspielst?«

»Ich heiße Yrmendrudis von Rüggen, und ich geruhe hier zu wohnen. Was haben Sie hier zu schaffen?« Sie setzte ihre Kiepe auf dem Boden der Lichtung ab. Ihre Augen blitzten vor Zorn.

»Yrmendrudis...?« Spott lag in seiner fraglos nicht unangenehmen Stimme.

Rolli-Olli und der Klugscheißer rahmten sie ein. Der lange Leo komplettierte das Quartett.

»Yrmendrudis, ja...?«

»...von Rüggen, ja.«

»Das ist kein Name; kein Mensch heißt so...« Der Klugscheißer wollte es auf den Punkt bringen.

»Doch, ich!«

»Du lügst.«

»Würd ich nie tun...«

»Lügnerin! Lügnerin! Lügnerin! Lügnerin!« erscholl es im Chor.

Um sie herum drehte sich wieder alles. Nein, das stimmte nicht. Sie war es, die erneut gedreht wurde... wie vor vierzig Jahren von ihren vier Mitschülerinnen. Und jedes Männergesicht, das in nur zehn, manchmal weniger Zentimetern Entfernung vor ihr einzurasten schien, spuckte ihr dieses Wort nun einzeln entgegen:

»Lügnerin!«

»Lügnerin!«

»Lügnerin!«

»Lügnerin!«

Bis ihr schwindelig wurde, und ihre Knie einfach nachgaben, die Knie mit den vorpubertären Narben, die jetzt ein langer Rock bedeckte.

Im Fallen schossen ihr die abstrusesten Gedanken durch den Lockenkopf... Die Zahl Vier... Wieder die Zahl Vier...

Als sie es schaffte, wieder klare Gedanken zu fassen, saß sie an einer Buche unweit der Klausentür, indes zu weit vom Lagerfeuer der Bande entfernt, um irgendetwas von deren Unterhaltung zu verstehen. Ihre Hände und Füße waren mit Fahrradgepäckträger-Spanngurten fest zusammengebunden. Zuvorkommenderweise und der Einfachheit halber hatte Rolli-Olli von dem Schlafmoos aus der Kiepe geschüttelt und es ihr damit sogar halberlei bequem gemacht. Nicht einmal beobachten, was vor sich ging, war ihr nicht verwehrt. Was hatte das zu besagen? War es völlig irrelevant, ob sie etwas sah oder hörte, weil man sie sowieso töten würde? Dagegen sprach irgendwie die Annehmlichkeit ihres Lagers... Andererseits war sie eine Zeugin, eine lebendige Zeugin, die sämtliche vier Gesichter... Schon wieder diese Zahl! Früher hatten die Menschen Angst vor der Sieben, der Dreizehn oder was immer, aber vor der Vier? In China zumindest wies die Zahl Vier auf den Tod hin...

Sie wurde in ihren Gedanken unterbrochen, denn der Mann in dem komischen Breitcord-Sakko mit den Orden daran hatte sich erhoben und näherte sich ihr zielstrebig. Dazu bediente er sich eines edlen Gehstocks. Das konnte sie schon aus einiger Entfernung erkennen. Er lächelte sogar freundlich.

»Also Tatsache? Yrmendrudis?« Seine sonore Stimme klang, als wären sie einander bei einem Empfang vorgestellt worden und würden nun bei einem Glas Sekt miteinander plaudern.

»So ist es.« Zwar verabscheute Yrmendrudis Small Talk, was freilich nicht mit sich brachte, dass sie ihn nicht beherrschte.

»Wie kommt man auf so einen Namen?«

»Ich wurde wohl nach der Frau eines gewissen Wernherus de Sowieso benannt, der Ende des 13. Jahrhunderts hier irgendwo in der Ecke gelebt hat... Keine Ahnung, ob da ein Verwandtschaftsverhältnis bestanden hat... Er soll Rintsuter, das heißt Schuster für das gewöhnliche Schuhwerk gewesen sein, vielleicht für den damaligen Grafen Eberhard von Arnsberg auf der Burg Eversberg. Ich bezweifle jedoch, dass das zeitlich hinkommt... Manchmal wünschte ich, meine Eltern hätten mich auf den Namen Lisbeth taufen lassen, von mir aus auch Heike... Aber es ist, wie es ist.«

»Isolde wäre eine hübsche Alternative gewesen, wegen deiner roten Haare...«

Aus dem Hintergrund wurde laut gerufen. »Wo gibt's hier noch Brennstäbe?«

Der Oberst stupste seine unfreiwillige Gastgeberin an. »Na? Sag an!«

»Was meint Ihr Kollege?« Yrmendrudis konnte nicht folgen, in diesem Fall auch gedanklich nicht.

»Hat er doch gesagt... ›Brennstäbe‹.... spaltbares Material...«

Als sie weiterhin verstört auf sein Strunztuch blickte, musste er konkreter werden. »Ist doch nicht so schwer zu kapieren. Er braucht noch Feuerholz.«

»Liegt denn rechts vom Eingang zur Klause nichts mehr?«

»Scheint nicht so...«

»Der Hauklotz steht hinter der Klause neben dem Komposter.« Er gab die Information weiter, und der Klugscheißer machte sich auf den Weg.

»Warum nicht gleich? Na ja...« Er packte seinen Spazierstock, schraubte den vergoldeten Griff ab, und entnahm ein Glasröhrchen mit einer grünlich-goldenen Flüssigkeit, die im

Feuerwiderschein strahlte. Sie zuckte zusammen. Ihre Reaktion entlockte ihm ein Lächeln, das sie nicht einzuordnen wusste. Als er den Stock mit der Spitze nach oben drehte, rutschten noch zwei winzige Trinkgläser aus dem Zauberstab.

»Yrmendrudis von Rüggen...«

Versuchte er, sich an irgendetwas oder -wen zu erinnern, bekam diese Gedankensplitter gleichwohl nicht zusammengefügt, nein, nicht einmal geordnet? Sie wurde aus ihm nicht schlau, nickte jedoch bekräftigend. »Und mit wem habe ich das zweifelhafte Vergnügen?«

»Oberst von Dannen...« Er klemmte sich den Stock zwischen die Knie, verbeugte sich steif, entfernte mit den Zähnen den Korken und goss eine überschaubare Menge der Flüssigkeit in die Pinnchen. »Oberst zu Unterst von Dannen.«

»Und das soll wer jetzt glauben?« Sie biss sich hart auf die Oberlippe, um nicht laut loszuprusten.

»Na, du..., ääh... Sie.«

Sie gewann ihre alte Selbstsicherheit langsam zurück. »Wenn wir schon einmal beim ›du‹ unter uns Blaublütern sind... Einen Vornamen nennst du doch sicherlich auch dein eigen...«

Er schwieg.

Sie setzte ein aufmunterndes »Na«? hinzu.

Er verfiel ins Flüstern: »Friedlieb.«

»Bitte?«

»Friedlieb.« Wirklich fest wirkte seine Stimme in diesem Moment nicht.

»Aber sich über meinen Namen lustig machen... Friedlieb!« Sie ließ sich das Wort auf der Zunge zergehen.

»Nicht so laut!«, zischte er mit einem halbwegs gehetzten Blick über die Schulter. »Wenn die Tramps meinen Vornamen erfahren, untergräbt das unter Umständen meine Autorität.«

»Unfug! Wenn du deinem Namen alle Ehre machst... Oder bist du ein Bandit, der mordend und brandschatzend von Dorf zu Dorf zieht?«

»So kann man das, weshalb und wie wir unterwegs sind, nicht nennen.«

»Sondern?«

Er hielt ihr eines der beiden Gläschen an den Mund. »Trink...«

Zaghaft ließ sie es geschehen, dass er mit dem Rand des Trinkgefäßes ihre Unterlippe beinahe zärtlich herunterdrückte. War es jetzt soweit? Sie sah ihm in die Augen...

Die Flüssigkeit rann gegen ihre Schneidezähne. Sie war erstaunlich kühl, doch nicht unangenehm. Yrmendrudis hob ein bisschen den Kopf, um mehr davon zu bekommen. Das Getränk – konnte man das dazu sagen oder war es eher ein Labsal? – erreichte ihre Zungenspitze, bevor es in der Mitte der Zunge förmlich explodierte, gleichzeitig indes ihre Wangen zusammenzog.

»Holunderblütenlikör, selbstgemacht...«, schwärmte er, während er seinen Anteil an dem Röhrcheninhalt von einer Wange in die andere und zurück spülte, ehe er ihn quasi tröpfchenweise in die Speiseröhre rinnen ließ. »Möchtest du das Rezept?« Er ließ sie nicht zu Wort kommen. »Vierzig Holunderblütendolden benötigt man, drei Flaschen sprudelnden Mineralwassers und – ganz essentiell – Zitronensäure-Pulver...«

Sie war wahrlich eine andächtige Zuhörerin.

Doch urplötzlich ließ Oberst zu Unterst von Dannen das gesamte Stockzubehör in umgekehrter Reihenfolge zurück in seinen Aufbewahrungsort gleiten, nicht ohne vorher den Korken wieder ordentlich in das Röhrchen gedrückt zu haben. Er schraubte den Griff fest und zielte jetzt mit der Spitze des Stocks auf die Stirn seiner Gesprächspartnerin. Er schloss das linke Auge und blickte mit leicht schräg gehaltenem Kopf – wie über Kimme und Korn – die Gehhilfe entlang. »Das könnte jetzt eine Linie bis zu einem gedachten Laserpunkt bilden«, sinnierte er. »Gewissermaßen mit Aussicht auf das dritte Auge für dich. Unmittelbar zwischen den Augen, nur ein bisschen nach oben versetzt...«

»Was genau willst du von mir?«

»Irgendetwas von bleibendem Wert...«

»Und eine präzisere Vorstellung hast du nicht?«

»Was kannst du bieten, damit deine Hütte und die Kapelle nicht abgefackelt werden?«

»Ich habe mich von allem getrennt, was irgendwie materiell belastend für mich werden könnte.«

Er hob mit seinem linken Zeigefinger ihr Kinn ein klein wenig an.

»Und ideell? Etwas, das sich zu Geld machen lässt? Etwas Antikes oder zumindest etwas Altes?«

»Keine Ahnung, vielleicht das handschriftliche Rezeptheft meiner Oma? Sie hat immer gesagt, dass ihm ein wahrhafter Schatz innewohne...«

Geheime Botschaften?

Sehr leise schloss Acheseau die Tür zu seinem Ferienapartment. Warum hätte er nicht sagen können, lagen doch die übrigen Etablissements verteilt auf dem Gelände der Ranch. Dass es hier nun sechs Betten gab, verunsicherte ihn ein weiteres Mal, wenngleich er bei der telefonischen Buchung doch schon hatte feststellen müssen, dass es keine Einzelunterkünfte hatte.

Er fischte die Fernbedienung des TV-Geräts von der Kommode – hätte man früher nicht »Waschtisch« zu solch einem Möbel gesagt? – und änderte per Knopfdruck die Farbe der Leuchtdiode an der unteren linken Ecke des Fensters zur Welt von Rot auf Grün. Relativ flink machte sich der Fernseher in dem Zimmer breit... Visuell wie akustisch. Seine Eltern hatten seinerzeit ein Schwarzweiß-Röhrengerät ihr eigen genannt, und die Fernbedienung war er gewesen...

Ob es jemals olfaktorische Geräte geben würde? Mais non... Gedanklich hielt er sich die Nase zu. Obwohl... Über den Bildschirm flimmerte gerade eine Herrenduft-Reklame. Wenn man die schön designte Flasche und ihre geschmackvolle Umverpackung jetzt nicht nur sehen würde, wäre das einem Verkaufserfolg unter Umständen förderlich. Nein! Auf der anderen Seite: Er musste an durchgeschwitzte Fußballprofis beim Interview nach einem Match denken, an angebranntes Essen oder eine erst nach Wochen im Wald gefundene Leiche. Auf so manchen Hautgout konnte er problemlos verzichten.

Das TV-Gerät wurde um einige Prozentpunkte lauter gestellt; die Fernbedienung kehrte an ihren Platz zurück. Sèrecule Acheseau wechselte Tages- gegen Nachtkleidung, schnappte sich seinen Kulturbeutel und verschwand im Bad. Hier konnte er nur noch Fetzen dessen mitbekommen, was der Fernsehsender ausstrahlte... Egal. War ja bloß Werbung.

Nachdem er den geschäftlichen... »Mit diesem Toilettenpapier sind Sie immer auf der richtigen...« ...Teil seines Badbesuchs erledigt und sich gewaschen hatte, war Zähneputzen angesagt... »Worauf warten Sie noch? Schließen Sie noch heute...« Er fischte eine frische Tube seiner Lieblingszahnpasta aus dem Beutel und schraubte den Verschluss ab, um die auf die Tube geklebte Alu-Kunststofffolien-Versiegelung zu entfernen. Wer kam auf so einen Schwachsinn? Man stelle sich nur vor, man hätte sich vor der Zahnpflege eine Maniküre gegönnt... Nichts wär's geworden aus dem Genuss, von dem er... »Ein Montagekleber der Extraklasse!« ...allerdings nicht wusste, woher der letztendlich rührte. War es die weiße Grundmasse der Creme oder waren es die bunten Streifen, ohne die er...

Mit zusammengepressten Lippen gelang ihm die Trennung von Tube und deren Frischesiegel. Doch gerade erst hatte der erste Strang des Inhalts... »Dieser Montagekleber verbindet alle Materialien mit- und untereinander...«, ...auf seiner Zahnbürste Platz genommen..., »...selbst wenn sie nass sein sollten!« ...schrillten bei ihm sämtliche Alarmglocken. Der Tubeninhalt enthielt keine farbigen Streifen, obwohl das Behältnis aussah wie alle anderen vor ihm gekauften. Konnte jemand, der ihm Böses wollte, die Zahnpasta gegen Montagekleber ausgetauscht und die Tube neu versiegelt haben? Nicht auszudenken! Wenn das Zeug wirklich alle Materialien mit- und untereinander...

Das war ihm dann doch zu windig. Er hatte vom Feeling her so ein Gefühl, allerdings keinen Plan D.

Er trocknete sich ab und verließ das Badezimmer, legte sich in eines der Betten und war im Begriff, das Licht zu löschen und den Fernseher ausschalten, als ihm ein Buch mit dunkelgrünem Ledereinband mit eingeprägtem Kreuz auf dem Nachttischchen auffiel. »Das Buch Hesekiel« wusste die Titelseite anzugeben, eine Ausgabe von 1912. Er wollte es gerade in der Schublade versenken, da weckte etwas Merkwürdiges sein Interesse. Eine Seite des Druckwerks schaute deswegen teilweise über den oberen Goldschnitt hinaus, weil jemand sie waagerecht von außen nach innen eingerissen und den so gewonnenen Papierstreifen nach einer Vierteldrehung scharfkantig nach oben gefalzt hatte... Ein Lesezeichen!

Die Müdigkeit war fürs Erste verflogen. Der Mann im Pyjama öffnete das Buch an der Markierung und fand eine unterstrichene Textstelle des drittwichtigsten Propheten Israels, in der in Vers 22 die Rede war von einem Schatz, über den Räuber kommen sollen...

»Sollte hier im Sauerland etwa ein uralter Schatz...?« Monsieur Acheseau hielt seine Idee selbst für sehr phantastisch.

Er beschloss, das Buch in der Schublade zu deponieren und vielleicht am folgenden Morgen darüber weiter nachzudenken. Als er die Lade öffnete, stutzte er.

Verschiedene sich abwechselnde Rosarot-Töne und ins Orange changierende Wellenlinien zierten – konnte man das so sagen? – das nach unten umgeschlagene Schrankpapier, mit dem die Nachttischschublade ausgeschlagen war. Gehalten wurde es von sieben rosa bekappten Heftzwecken und einer weißen.

An einer der umgeschlagenen Ecken war dies nicht sorgfältig ausgeführt worden. Acheseaus Stirn begann mit dem Runzeln. Er sah sorgfältiger hin. Das war keine umgeschlagene Ecke: Das war ein völlig andersartiges Papier. Außerdem war dies die Stelle mit der weißen Befestigung, folglich kein Versehen oder ein Mangel an farbigen Kappen. Es handelte sich um eine Gedankenstütze.

Unter dem Schubladenbodenschutz hatte jemand etwas versteckt. »Allerdings nicht sorgfältig genug für mein Argusauge!« Behutsam versuchte er, die erste Heftzwecke zu entfernen. Der rechte Zeigefingernagel hätte das um ein Haar übel genommen. Und von Erfolg war das Ganze genauso wenig gekrönt. Nur die Kunststoffkappe hüpfte behände in die Höhe und rollte fröhlich unters Bett, unübersehbar erleichtert über ihre soeben gewonnene Freiheit.

Die schmale Klinge des Taschenmessers war da doch geeigneter. Der erste Ansatz schon bewies dies eindeutig. Eine Heftzwecke nach der anderen wich aus ihrer Position und gab das Versteck Stück für Stück frei.

»Muss ich etwa wieder den Kokelversuch zelebrieren, um etwas fast Verbranntes noch einmal – ein letztes Mal – sichtbar zu machen?« Kokelversuch? Womit denn? Einen Spirituskocher hatte er noch nie im Leben besessen, erst recht keinen zum Schmelzen von Bartwachs. Haarlack aus der Tube reicht ihm völlig, um das gewünschte Styling seines Oberlippenhaars zu bewerkstelligen. Spontan reifte der Entschluss, diese Zugfahrt in seiner Autobiografie, falls er je eine schreiben würde, zu verschweigen.

Acheseau hielt die winzigen Löcher in dem aus der Schublade zutage geförderten Blatt Papier zunächst für Kollateralschäden, für Resultate vergeblicher Versuche, das Schrankpapier im Sperrholz des Schubladenbodens zu befestigen. »Nein, nein...« Als er den Bogen hochhob, begann er, halblaut zu denken. »Wenn dem so wäre, müssten sich die Löcher in der Nähe des Randes des Papiers aufhalten. Tun sie aber nicht...«

Er hielt seinen Fund gegen den Schein der Nachttischleuchte. Die andere Seite war beschriftet...

»Das Blatt sollte sich nun wenden«, murmelte er. Gesagt, getan. Was er las, fiel ihm schwer zu glauben: die drei letzten Zeilen der ersten Strophe aus »Stairway to heaven«.

Der Song verfolgte ihn augenscheinlich. Spontan holte er sein braunes Notiz-Ringbuch hervor, weil er genau wusste: Hinter den sechsfach gelochten Einlegeblättern war, ganz hinten in einem Einsteckfach, was er suchte. Es stammte noch aus den Tagen vor der Verbreitung des Internetzes, als die Menschen noch nichts online ordern konnten, sondern 48 Pfennig pro Minute investieren mussten, um telefonisch zu bestellen, was sie brauchten. Oder was man ihnen zu benötigen suggerierte. Insbesondere vor Weihnachten erwies sich das Druckwerk, das auf glänzendem Papier alle Wünsche zu erfüllen versprach, als süchtig machende Familienlektüre: für Vati einen Schach-Computer, für Mutti eine schwebende Haartrockenhaube, für den Filius einen Metallbaukasten und für klein Conny einen Holzkaufladen oder eine Sprechpuppe zum Aufziehen.

Für eine Weile schloss er die Augen, sah vor seinem geistigen Auge hautfarbenen Kunststoff... Wie war ein Konstrukteur einer Spielwarenherstellerfirma auf den Gedanken gekommen, einem Ebenbild eines Menschen an einem Ring einen Faden aus dem Rücken zu ziehen, der sich – wenn man ihn wieder losließ – peu à peu wieder in Richtung seiner Ausgangsposition verschwand? Bloß um der Puppenmama vorzugaukeln, ihr neues Baby, das im Übrigen schon stehen konnte, würde sie schon kurz nach seiner Geburt unter dem festlich geschmückten Tannenbaum mit »Mama...«, »Mama...«, »Mama...« anplärren?

Damit auch Omama und Opapa sich in dem mehr als 1100 Seiten umfänglichen Warenhaus zurechtfanden, gab es ein blaues Bändchen, wie sie es in Rot aus dem »Sursum Corda« kannten, dem Gesang- und Gebetbuch des Erzbistums Paderborn. Vielleicht vermissten die beiden sonntags sogar die in bedrucktem Karton gefasste und an diesem Angebotsorientierungsbändchen angebrachte Kunststofflupe, anhand derer sich wie beim Betrachten von Heiligenbildchen manch meditativer Moment erfahren ließ.

Acheseau wollte sich auf seine selbstgestellte Verpflichtung besinnen, als sein Blick der Beschriftung am Lupenrand gewahr wurde. Auf dunkelblauem Grund prangten zwischen der Überschrift »Unser Größen-Service:« fünf weiße Felder mit farbigen Buchstaben und erläuternden Begriffen: Das grüne »EK« stand für »EXTRA KURZ GRÖSSE«, das blassviolette »H« für »HÜFT GRÖSSE«, das gelbe »K« für »KURZ

GRÖSSE«, das rote »L« für »LANG GRÖSSE«. Die graublaue »60« bedeutete »LIEFERBAR BIS GRÖSSE«. Der Hinweis am unteren Rand »Infos siehe Seite 16.« würde ihm in Ermangelung der Gesamtheit der Seiten keinesfalls weiterhelfen.

Die Einzelbuchstaben bescherten ihm einen Einfall. Wozu war er letztlich Detektiv? Er nahm die schon ziemlich verkratzte Vergrößerungshilfe zu Hilfe und sah durch sie hindurch auf das Fundstück. Obwohl die Vergrößerung nicht sonderlich üppig ausfiel, eines war klar erkennbar: Die Löcher bildeten kein erkennbares Muster, wie er es eigentlich erwartet hätte.

Er kannte Vergleichbares aus Berichten seiner Schwester, die ihm erzählt hatte, dass ihr Sohn Eric, sein Patenkind, im Kindergarten sich mit Prickeln vergnügt hatte und nun gedachte, die gesamte Verwandtschaft mit seinen Erzeugnissen zu erfreuen. Als »Prickeln« – so hatte er nachgelesen – bezeichnete man die Technik, mittels einer in einen Weinkorken gefassten Nadel entlang einer mehr oder weniger dekorativen Linie Löcher durch eine ausgedruckte Vorlage in Bastelkarton zu pieksen. Peinlich penibel sei darauf zu achten, dass die Nadelspitze zweifelsfrei den untergelegten Filz erreiche. So erhalte man ein Resultat mit Geschenkwert, denn das Produkt lasse sich ohne Weiteres als Fensterbild oder Lampenschirm nutzen.

Eric hatte ihm stolz ein Arbeitsergebnis präsentiert. Seine Kita-Praktikantin hatte die Technik insoweit durchaus verfeinert, als dass sie von den Kindern verlangte, das Papier von Loch zu Loch zu reißen, um ein so schönes Motiv wie einen Teddybären oder einen Apfel aus dem Bastelkarton herauszutrennen. Sein dankender Verzicht auf das Geschenk hatte nicht nur den Jungen traurig gemacht, sondern auch seine Schwester auf Jahre hinaus vergrämt.

Hier nun waren die einzelnen kleinen Löcher immer jeweils unter ein Wort platziert.

Sinn war darin vorerst wirklich keiner zu erkennen. Dass hier eine Analogie vorlag zu geheimen Botschaften zwischen Liebenden im viktorianischen London, schloss er intuitiv aus. In jenen Tagen hatte man einzelne Buchstaben einer Zeitungs-Titelseite – meistenteils der »Times« – der Reihe nach mit einer Nadel gekennzeichnet und lange vor der Erfindung des Lochstreifens zur Kodierung von Nachrichten portofrei per Post verschicken dürfen, wohingegen ein Briefwechsel Geld gekostet hätte.

Seinem kleinen Notiz-Ringbuch konnte er alles anvertrauen, wie er wusste, und so listete er nicht die Wörter, sondern die mysteriösen Buchstaben zweimal untereinander auf, einmal in der Originalreihenfolge, daneben alphabetisch geordnet:

»N«	»A«
»E«	»E«
»E«	»E«
»K«	»E«
»S«	»E«
»L«	»H«
»O«	»H«
»H«	»K«
»H«	»L«
»A«	»N«
»E«	»O«
»E«	»S«

»Das scheint mir der ersehnte neue Fall zu sein.« Er lächelte. »Ich muss nur unbedingt dahinter kommen, was die Lettern zu bedeuten haben«, murmelte er, bevor ihm die Augen zufielen. Was er deshalb nicht mehr mitbekam, waren die Spätabend-Lokalnachrichten, die der Fernseher noch von sich gab, ehe er Sekunden später sein Auto-Stand-by aktivierte: »Brutaler Überfall auf Regional-Express! In den frühen Morgenstunden wurde der ›RE17‹, der ›Sauerland-Express‹, wie man ihn hierzulande gerne nennt, brutal überfallen. Menschen kamen gottlob nicht zu Schaden. Eine Bande, bestehend aus knapp einem Dutzend Mitgliedern, versperrte das Ausfahrt-Portal des Elleringhäuser Tunnels, was der Zugführer bei der Einfahrt wegen der Krümmung des Tunnels nicht sehen konnte, und brachte den Zug zum Stehen. Die zum Teil sehr seltsam gekleideten Banditen hatten es anscheinend auf die Kasse des ZugCafés abgesehen. Dass hier nichts zu holen war, entzog sich offensichtlich ihrer Kenntnis. Mehr noch: Ungefähr zwei Drittel der Verbrecher konnte festgenommen werden. Der Rest der Gauner ist flüchtig.«

Sternstunde der Kryptografie

Tosender Applaus brandete ihm entgegen. Die Ovationen, zum größten Teil stehend, wollten kein Ende nehmen. Wieder und wieder verbeugte sich Monsieur Enigma, der weltberühmte Kryptoanalytiker, vor dem Kongress-Publikum der mathematischen Gesellschaft in Cirencester, heute seinem Publikum. »Edgar Alan Poe war gegen ihn ein Waisenknabe«, hatte es in der Laudatio geheißen. »Nie zuvor hat es derart aufschlussreiche Darlegungen gegeben, was die Entschlüsselung geheimster Papiere angeht.«

Und nun stand er hier, versuchte durch bescheidenes Heben seiner rechten Hand immer wieder, die Menschen im Saal zu beruhigen. Es dauerte. Er schwitzte.

Als er schlussendlich den Eindruck hatte, als könne er es wagen, seinen Vortrag zu starten, langte diese seine Hand nach der Beamer-Fernbedienung und drückte den alles entscheidenden Knopf.

Wie aus dem Nichts tauchte die Überschrift seiner PowerPoint-Präsentation auf der riesigen Leinwand auf. »›Logikalisierung und ihre Chancen‹« stand dort in minimal zu kleinen Lettern. Monsieur Enigma gab sich eben bescheiden. Er begann.

»Liebe Kolleginnen und Kollegen. Werte Kryptomaninnen und Kryptomanen. In meinem heutigen Vortrag werde ich Ihnen auf der Grundlage eines knapp umrissenen historischen Abrisses zeigen, warum die Logikalisierung als die Krönung unseres Schaffens im Bereich der Kryptografie betrachtet werden kann, als ein Meilenstein, wenn nicht als ihr Endpunkt.«

Die Überschrift machte einer dreistelligen Zahl Platz. Enigma lächelte verschmitzt.

»Die ›404‹ ist in unserem Kontext keine 1960er Jahre Modellbezeichnung eines Cabrioherstellers aus meinem Heimatland, sondern bezeichnet einen magischen Moment der Steganografie, eines Vorläufers oder Ablegers unseres gemeinsamen Betätigungsfeldes, je nachdem, wie man es einschätzt.

Jemand wickelte – vielleicht unter dem Einfluss der Mittelmeersonne – einen Lederriemen um einen Stab, beschriftete diesen der Länge des Stabes nach, wickelte den Riemen ab und vertraute ihn einem spartanisch gekleideten Boten als Gürtel an. Dieser legte ihn an – vielleicht sogar die Buchstaben zum Körper hin gewendet – und überbrachte ihn dem Adressaten. Der musste den Riemen nur um eine Skytale, einen Holzstab, von gleichem Durchmesser wickeln, et voilà... Da er so vorgewarnt worden war, konnte ein gewisser Lysander sogar einen Angriff der Perser abwehren.

Steganografie meint demzufolge das Verbergen von Botschaften, von denen der Feind vielleicht nicht einmal weiß, dass sie existieren. Sie alle wissen um das Prinzip. Man kann einem Boten den Kopf rasieren, ihm die Botschaft aufs Haupt tätowieren, sich in Geduld fassen, bis die Haare nachgewachsen sind, und ihn hernach auf die Reise schicken. Für diese Methode der Nachrichtenübermittlung braucht es in der Tat Zeit, vergleichbar einem postalisch versandten Brief.« Ein unterschwelliges, vermutlich zustimmendes Raunen quittierte die Nebenbemerkung.

Der Druck auf das zierliche Gerät in der Hand des Vortragenden änderte die Anzeige. »Von der Transposition zur Substitution« lautete die Ankündigung.

»Kommen wir zu einem anderen Prinzip. Der Feind darf wissen, dass man kommuniziert, soll hingegen den Nachrichteninhalt nicht erfahren. Das ist die eigentliche Geburtsstunde der Kryptografie, genauer der Substitution. Der römische Imperator Gaius Julius Caesar schrieb ein vollständiges lateinisches Alphabet in eine Zeile, darunter ein griechisches. Später kam er auf die Idee, in die zweite Zeile stattdessen einfach ein um drei Stellen verschobenes, zweites lateinisches Alphabet zu platzieren. In beiden Fällen erhielt er so für jeden Klartextbuchstaben durch Austauschen einen neuen, einen Geheimtextbuchstaben.«

»Weiterentwicklungen«, behauptete die nächste Folie.

»Die Alphabete gegeneinander zu verschieben, die Art der Verschiebung mit einem Schlüsselwort zu versehen, mehrere Transpositionsalphabete anzuwenden, auf die jeweils nach einem Schlüsselprinzip zugegriffen wird, all dies manuell oder maschinell zu tun und... und... und. Das Resultat lief und läuft generell auf das Gleiche hinaus: Da jeder Sprache eine charakteristische Mengenverteilung ihrer Buchstaben zu eigen ist, greift irgendwann die Häufigkeitsanalyse.

Zurzeit des Zweiten Weltkriegs bedienten sich die USA der Navajo-Sprache, einer Sprache mit einer sehr geringen Zahl an Sprecherinnen und Sprechern, die zudem viele der für die militärische Kommunikation unentbehrlichen Fachausdrücke noch nicht beinhaltete. Sie kennen das Problem der Vokabelaktualisierung aus dem Vatikan: Will man das Wort ›Playboy‹ ins Lateinische übertragen, hilft man sich mit dem Begriff ›iuvenis voluptarius‹. Wörtlich übersetzt heißt das ›junger Lüstling‹. Nun macht mir aber keiner weis, dass das Problem im Vatikan ein Neues ist...«

Das vielkehlige Gelächter bewies ihm, dass er seine Zuhörer:innenschaft endgültig am Haken hatte.

»Der Schäfer, der Wolf, das Schaf und der Salatkopf« Zahlreiche Zuhörer:innen-Hinterteile rutschten auf ihren Sitzen gespannt nach vorn...

»Sie mögen die Geschichte kennen: Ein Schäfer muss die drei Genannten...« Er deutete auf die Leinwand. »...über einen Fluss transportieren, hat jedoch nur Platz auf seinem Kahn für jeweils ein Tier oder den Salat. Er muss daher dafür Sorge tragen, dass keine Konstellation an einem der Ufer entsteht, in der sein Schaf oder der Salat wegen fehlender Aufsicht gefressen werden. Er muss somit zuerst das Schaf transportieren und am anderen Ufer zurücklassen, um als Zweites den Wolf zu holen. Da dieser ohne Kontrolle sich an dem

Schaf vergreifen würde, ist dieses auf der Rückfahrt wieder dabei! Der Schäfer holt jetzt den Salat, den er gefahrlos beim Wolf deponieren kann, um nach einer letzten Fahrt wieder alles in seiner Obhut beisammen zu haben.«

Beifall belohnte die Ausführungen, gepaart mit gespannten Blicken. Was hatte das mit Kryptoanalyse oder gar Mathematik zu tun? Bis drei zählen lernte man doch spätestens im Kindergarten...

»Kryptografie und Kryptoanalyse haben – wie wir gesehen haben – bislang immer das Problem, dass ein Schlüssel gebraucht wird, sei er symmetrisch oder asymmetrisch. Die Details erspare ich Ihnen an dieser Stelle. Vielen sind sie ja sowieso geläufig. Was aber, ich frage, was aber, wenn ein Verfahren oder Prinzip entwickelt würde, bei dem nur noch menschliches Denken nötig wäre, kein Schlüssel mehr vonnöten wäre?«

Spätestens jetzt schlief niemand mehr im Auditorium.

»Maschinelle Verfahren wie das meiner Namenspatronin haben nicht ewig vorgehalten. Die Mathematik, selbst die Computer-gestützte, wird abgelöst werden, da sie nichts anderes liefert als Substitutionsverfahren im weitesten Sinne. Ich möchte auf die Häufigkeitsanalyse verweisen.«

Entsetzen weitete die allermeisten der auf Monsieur Enigma gerichteten Augenpaare.

»Jetzt und hier darf ich sie Ihnen vorstellen... Meine Damen und Herren... Die ›Logikalisierung‹. Erst wenn die so genannte ›Künstliche Intelligenz‹, landläufig als ›KI‹ bezeichnet, uns Menschen das Denken abnimmt, müssen wir uns wieder Sorgen machen. Aber wann sollte das passieren? Und vor allem warum?«

Die Unruhe unter den Zuhörenden konnte man getrost als erheblich werten. Der Dozent hob ein weiteres Mal beschwichtigend die Hand, erhielt nach geraumer Zeit zumindest das Gehör der vorderen Reihen.

»Lassen Sie mich Ihnen an einem Exempel das Prinzip erläutern... Nehmen wir folgende Situation an: Sie sind Ermittler in einer Strafsache und möchten dem Empfänger Ihrer Nachricht mitteilen..., eine Sekunde!...«

Er schaltete die Projektion auf die neue Folie um.

»...dass Sie eine bestimmte männliche Person verdächtigen und Angaben über deren Bewegungsprofil machen wollen. Das tun Sie zum Schein mittels einer Frage.«

Das Publikum brauchte etwas Zeit, die Menge an Input aufzunehmen.

»Sauerland-Logical«, lautete die Überschrift.

»Ich habe den Begriff zum besseren internationalen Verständnis ins Englische übersetzt!«

Ängstlich-begierig saugte(n) man / frau und alle anderen die Informationen auf.

»Fünf Ferien-Apartment-Häuser stehen in einer Reihe. Jedes Haus trägt einen anderen Städtenamen. Die Herren Feriengäste kommen aus unterschiedlichen Ländern, haben unterschiedliche Berufe, lieben unterschiedliche Fortbewegungsarten bei ihren Aufenthalten im Sauerland und haben jeder einen Lieblings-Stausee.«

Er räusperte sich kurz, um konzentriert fortzufahren.

»Nun stellen Sie Ihre Frage: ›Wer fährt regelmäßig zum Hennesee?‹«

Eine Liste erstrahlte.

»Schauen Sie... Ich lese die Informationen langsam und vernehmlich vor, damit jede und jeder meinen Darlegungen folgen kann:

›1. Der Pole wohnt in *Haus Sundern*.
2. Der Österreicher ist am liebsten am Möhnesee.
3. Der Belgier ist Lehrer von Beruf.
4. Haus Meschede steht gleich links neben *Haus Olsberg*.
5. Der Bewohner von *Haus Meschede* ist Soldat.
6. Der Autofahrer fährt grundsätzlich zum Diemelsee.
7. Der Florist wohnt im mittleren Haus.
8. Der Bewohner von *Haus Attendorn* bevorzugt den Bus.

9. Der Niederländer bewohnt das linke Haus.
10. Der Fußgänger wohnt neben dem Biggesee-Fan.
11. Der Sorpesee-Enthusiast wohnt neben dem, der Bus fährt.
12. Der Bäcker fährt am liebsten Motorrad.
13. Der Niederländer wohnt neben *Haus Marsberg*.
14. Der Fahrradfahrer ist Deutscher.
15. Der Fußgänger macht neben einem Musiker Ferien.‹

Hier sehen Sie – schematisch dargestellt – die fünf Ferienunterkünfte. Die erste Information habe ich bereits vorausgefüllt. Ich musste dabei berücksichtigen, eine gesicherte Aussage einzutragen, wie sie uns beispielsweise in Hinweis 7 geboten wird.

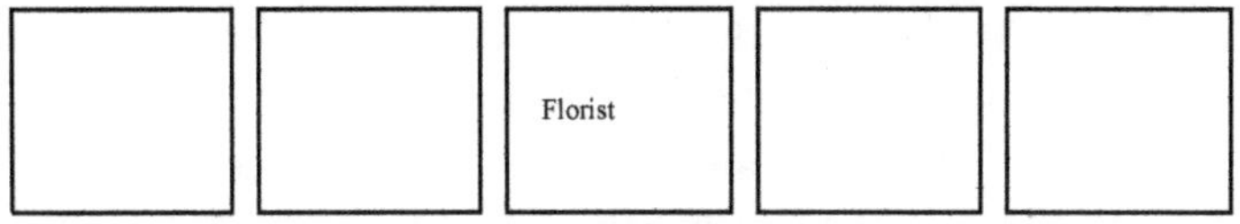

Wenn der Empfänger der Nachricht das Logical, die Logikalisierung erfolgreich durch die Kraft seiner Gedanken gelöst hat, weiß er, wer regelmäßig zum Hennesee fährt! Und folglich ist die Nachricht übermittelt!«

Erwartungsvoll ließ Monsieur Enigma seinen Blick schweifen...

Absolute Ruhe füllte das weite Saalrund. Dann folgte zögerliches Klatschen, das immer lauter und immer rhythmischer wurde, bis es ihm letztendlich sehr nahe erschien...

Aufbruch

»Aufsitzen!« Die Stimme des Oberst duldete keine Widerrede.

»Kann man vielleicht erst mal in Ruhe seinen Kaffee austrinken?« Der lange Leo hatte noch Durst. Nachdenklich häufelte er Löffel um Löffel der süßen, weißen Kristalle aus der violetten Kunststoffdose in seinen Edelstahlbecher. Der Klugscheißer sah ihm zunächst geduldig dabei zu, gab nach einer Weile freilich zu bedenken, dass man die belebende Flüssigkeit am Ende des Tages noch anhand seiner Farbe identifizieren können müsse.

»Wohin geht's eigentlich als Nächstes?« Versuchte auch Rolli-Olli, Zeit zu schinden? Immerhin war er schon dabei, zusammenzupacken und sein Rad zu beladen.

»Vielleicht fahren wir als erstes nach Bad Berleburg?!« Der Klugscheißer meldete sich schon wieder zu Wort. »Dort könnten wir uns etwas Wisentliches zum Grillen besorgen.«

»Was meinst du?« Leo hatte keine Ahnung, wovon sein Kumpel redete.

»Schwer von Begriff, was? Man könnte da im Wildgehege ein Wisent erlegen...«

Oberst von Dannen wurde es zu bunt: »Wie denn? Mit deinem Fahrtenmesser?«

Der so Düpierte vertiefte sich ins Packen. Nur langsam verlor sein Gesicht die rote Farbe wieder.

»Wohin geht's denn jetzt wirklich als Nächstes?« Olli ließ nicht locker.

Der Chef hatte, so schien es, einen Plan. Und den war er durchaus nicht bereit zu kommunizieren. Stattdessen faltete er den kleinen Bogen angegilbten Papiers sorgfältig zusammen und verstaute ihn in seiner Brieftasche. »Lass dich doch mal überraschen.«

»Und was machen wir mit der?« Leo wies mit dem Kopf in Richtung der noch regungslosen Yrmendrudis. »Sollen wir die etwa...?«

Auschecken

Zögerlich sickerte der Montagmorgen durch die schmalen Schlitze seiner sich zitternd öffnenden Augenlider.

Das soeben noch vernommene Klatschen war nahtlos übergegangen in ein Klopfen, ein Pochen mit einer Faust an seiner Apartmenttür.

»Frühstück! Sèrecule! Hatten wir nicht vor, *zusammen* zu frühstücken?«

Widerwillig ließen die Lider weiteres Licht einfallen. »Gib mir eine Viertelstunde, Schorsch.«

»Okay, dann geh' ich schon mal packen.«

Schleppenden Schritts fand Sèrecule Acheseau ins Bad und betätigte den Lichtschalter. Die Ringe unter den Augen, die er im Spiegel zu sehen bekam, machten ihn nachdenklich. Sagte ein Spiegel auch morgens die Wahrheit? Er beschloss spontan, dass wahre Größe darin liege, auf jeden Fall sauber in den Tag zu starten, und dass er seinem Spiegelbild seine Entscheidung direkt zu kommunizieren habe: »Ich kenne dich nicht, aber ich wasche dich trotzdem.«

Schorsch erwartete ihn an der Rezeption.

»Jetzt einen schönen, heißen Kaffee!« Die Vorfreude sah man dem Franzosen förmlich an.

»Vergiss es.« Schorschens Bemerkung war ernüchternd.

»Wieso denn? Ein paar Croissants mit Butter und Konfitüre, ein Frühstücksei...«

»Ich sagte schon: ›Vergiss es.‹«

»Willst du mich auf den Arm nehmen?«

»Keinesfalls. Wenn man hier ein Apartment bucht, ist man für sein Frühstück selbst zuständig. Sauber... Das hatte ich selbst nicht mehr auf dem Schirm gehabt.«

»Dann hätte ich mir meine Croissants gestern in Meschede selbst besorgen müssen?«

»Soweit korrekt.«

»Und wie? Gestern war Sonntag...«

»Es gibt Bäckereien, die durchaus sonntags so viele Brötchen haben, dass sie sie verkaufen müssen, woll?« Er grinste, wurde aber umgehend wieder ernst. »Weißt du was...? Ich nehme dich ein Stück mit, und frühstücken können wir ja...« Das Klingeln seines Handys verhinderte die Vollendung des Satzes.

»Wohin nimmst du mich mit?«

Er nahm Acheseaus fragende Mimik nicht wahr, sondern widmete sich der Gesprächsannahme: »Was gibt's?« Er lauschte intensiv... »Verdammte Hacke! Das kann doch nicht wahr sein... Wann ist das passiert?« Er kratzte sich mit der rechten Hand nachdenklich hinter dem linken Ohr, das mit dem Mobiltelefon. »Ich komme, so schnell... Ja!«

»Etwas Schlimmes?« Die Dame an der Rezeption war wohl von der Erregung des Rockmusikfans angesteckt worden, denn sie brachte ebenfalls gerade keinen geraden Satz zustande. Heute trug sie eine karierte Bluse zu dem obligatorischen Cowboyhut. Machte sie nie Feierabend?

»Ich krieg dat arme Dier! Unser Vereinsheim ist überfallen worden!« Er konnte es noch nicht begreifen. Nervös trat er von einem Fuß im Markenturnschuh auf den anderen.

»Vielleicht kann Ihnen unter Umständen ja der Herr hier...« Sie wies mit einer eleganten Handbewegung auf den Dritten im Raum. »...weiterhelfen.«

Sèrecule Acheseau wunderte sich. Waren ihre hochnebelgrauen Pupillen heute bei Tageslicht noch eine Spur grauer?

»Wie dat wohl gehen soll...« Ratlosigkeit hatte einen Namen.

»Nun, Monsieur Acheseau hier ist Detektiv und hat seinerzeit...«

Eine höfliche, aber bestimmte Geste des von ihr auf diese Weise Empfohlenen bewirkte eine Unterbrechung ihres verbalen Begeisterungsausbruchs.

Schorsch fiel aus allen Wolken. »Echt jetzt?«

Sie nickte bedeutungsvoll.

Acheseau nickte ebenso bedeutungsvoll.

»Astrein ey!« Seine Ratlosigkeit hatte er in ›Hoffnung‹ umbenannt. »Kannst du uns echt helfen? Hast du nicht so schon wahne viel zu tun?«

»Fangen wir doch vorne an: Wer ist ›wir‹, und was ist geschehen?«

»›Wir‹, das ist der ›Wildsauclub 100‹ des...«

»›Wildsau...‹?«

»Genau.«

»›...club‹?«

»Ja! Was ist daran so Besonderes?«

»Ach nichts. Weiter...«

»Es handelt sich um einen Sparverein von Mitgliedern des 1. FC 1920 Remblinghausen e. V., eines Fußballclubs in der Kreisliga, die für einen Kunstrasenplatz für den Verein gespart haben, indem sie sich verpflichteten, über die Jahre monatlich einen festen Betrag zu zahlen.«

»Sehr nobel!«

»So, und letzte Nacht ist die Tür unseres Vereinsheims aufgebrochen und die Kasse geplündert worden.«

»Und die Täter sind flüchtig?«

»Sèrecule! Du bist ein Schnellmerker... Sag mal, hättest du eventuell Zeit, mitzukommen zum Vereinsheim und die Spuren zu sichern?« Die Spannung darob, ob er eine positive Antwort seines Gegenübers erwarten dürfe, verhinderte für eine kleine Weile das Schließen seines mit einem Kaugummi intensiv beschäftigten Mundes.

»Ich werde meine Fähigkeiten in den Dienst der guten Sache stellen. Großes Indianerehrenwort, denn ein Indianer kennt keinen Scherz.« Er wendete sich an den Cowboyhut. »Apropos... Wo steckt denn dieses vierköpfige Trio, das gestern Abend dem Kartenspiel in der ›Gülle-Disco‹ frönte? Werden sie vielleicht hier irgendwo festgehalten?«

»Aber Monsieur, wo denken Sie hin? Die Mitglieder der ›Karten-Haie‹ haben schon um 9 Uhr ausgecheckt und sind abgereist.«

»Haben sie gesagt, wohin sie beabsichtigten zu fahren?«

»Nein, mussten sie ja auch nicht. Gemäß Datenschutzgrundverordnung gehen solche Daten ein Hotel nichts an.«

»Bon... Schorsch, gib mir sieben Minuten zum Packen.«

Der orange Kadett

Als Schorsch zielstrebig auf den orangen Kadett auf dem Parkplatz zuging und die Heckklappe aufschloss, stockte Monsieur Acheseau für eineinhalb Sekunden der Atem. Dass es sich bei seinem Gesprächspartner des gestrigen Abends und beim Auschecken an der Rezeption um einen Kadettfahrer handelte, hatte er im Traum nicht antizipieren, nicht einmal vorherahnen können.

»Das ist jetzt nicht wirklich dein Wagen?« Acheseau setzte sich wieder in Bewegung.

»Wieso das denn nicht?« Der erste Trolley verschwand im Kofferraum. »Du siehst aus, als wärst du helleweg begeistert...«

»Bin ich wirklich. Das Auto zu fahren wäre kurz nach meinem Führerscheinerwerb Anfang der Siebziger die Erfüllung meines sehnlichsten Wunsches gewesen!«

»Meiner war's auch. Und so bin ich irgendwann, nachdem mein NSU 1000 an einem Motorschaden verreckt war, recht preisgünstig Halter dieser Blech gewordenen Männerphantasie geworden.«

»Und das Schwarze an der Schürze und an den Türen?«

»Das ist eigentlich Unterbodenschutz. Ich dachte mir so: ›Schluss mit den Fisimatenten‹. Weil ich war es leid, mit Schleifpapier, Spachtelmasse und Spraydose das Wochenende zu verbringen. Jetzt hab ich Ruhe, woll?«

»Ganz schön clever.« Er überließ es Schorsch, seinen Trolley samt Mantel zu verstauen. »Mach du das mal lieber bitte. Ich will ja nicht schuld an Kratzern im Lack sein!«

»Jetzt hör auf zu sülzen und steig ein!«

Die Türen wurden geschlossen, derweil Acheseau jedes Detail des Innenraums mit strahlenden Augen in sich aufnahm...

»›Atomkraft? Nein danke!‹ Der Aufkleber war Pflicht zu Jugendtagen dieses Wagens, oder?«

»Und ob! Sollte er auch heute noch sein, finde ich. Sind ja keine Kinkerlitzchen, den verstrahlten Müll zu entsorgen, wonnich?«

»C'est vrai!«

Der Oldtimer sprang problemlos an. Schorsch legte den Gang ein, und sie ließen die sonnenbeschienene Ranch hinter sich.

Acheseaus Blick fiel auf eine Schriftzeile auf der Handschuhfachklappe, die von einzelnen goldfarbenen Großbuchstaben auf trapezförmigen schwarzen Kunststoffplättchen geformt wurde.

»›MON PETIT CHOU‹?« Das Fragezeichen in seiner Äußerung war eher ein Ausrufungszeichen. »Wie kommt man darauf?«

»Ich hab ja im Französischunterricht lieber Spirenzkes gemacht als aufzupassen... Aber der Begriff hat es mir angetan. Ich liebe solche sprachlichen Doppeldeutigkeiten.« Auf leichten Zungendruck hin wechselte sein Kaugummi die Gebissseiten. »Dir muss ich ja nicht erklären, dass hier nicht ein kleiner Kohlkopf gemeint ist, wonnich?«

»Mh...« Acheseau hörte nicht so recht zu. Er musste an die Geschichte mit dem Schäfer, dem Wolf, dem Schaf und dem Salatkopf aus seinem Traum denken. Sein nachdenklicher Blick streifte den Fahrer und verfolgte die Sauerländische Landschaft, die draußen auf der Backbordseite des Kadetts vorbeistrich. Und wie war das gleich mit Hesekiel?

»Wie bekommt man einen Elefanten in einen Kühlschrank?« Ein schelmisches Augenpaar wandte sich ihm kurzzeitig zu.

Als sich die ersehnte Auflösung nicht einstellte, fügte Schorsch mit wissendem Gesichtsausdruck hinzu: »Na, Kühlschranktür auf, Elefant rein, Kühlschranktür zu... So einfach! Du solltest regelmäßiger Denksportaufgaben lösen. Das trainiert die kleinen grauen...«

Besagte Zellen waren im Fall Monsieur Acheseaus jedoch momentan mit Wesentlicherem befasst: »Alles was glänzt ist Gold...«, behauptete sein Lieblings-Song nämlich.

Der Plan

»Ein Lied!«

»Blau und Weiß, wie lieb ich dich...« Weithin hörbar singend, waren sie am Ortseingangsschild von Schmallenberg vorbeigeradelt.

Eine junge Mutter blickte erstaunt auf und vergaß für zwei Sekunden die Betätigung der Kunststoff-Rassel vor dem Gesicht ihres in einem Designer-Kinderwagen aufgeregt strampelnden Sprösslings. Dessen wütende Reaktion war ähnlich lautstark wie der spontane Sangesausbruch der vier sich auf ihren Mountainbikes gemächlich entfernenden Männer.

Ein älterer Herr lüftete seinen durch häufigen Gebrauch merklich lädierten Strohhut, tupfte sich mit einem blauweißen Taschentuch schwärmerisch lächelnd die Stirn ab und dankte in Gedanken für die neuzeitlich farbliche Umwidmung des Jägerliedes von Ludwig Carl Eberhard Heinrich Friedrich von Wildungen.

»Was wollen wir hier eigentlich?« Rolli-Olli war auf dem besten Wege, sich zum Quizmaster zu qualifizieren, fuhr allerdings im Moment hinter den übrigen drei Tramps her.

»Man kann niemandem von hinten ein Gespräch ins Gesicht hängen«, belehrte ihn der Klugscheißer mit einem Blick über die linke Schulter. »Und du weißt einhundertprozentig, wie der Oberst das hasst!«

Der hob gerade kommandierend die rechte Hand. »Absitzen!«

»Was wir hier eigentlich wollen...«, wiederholte sich Rolli-Olli.

»Das kann ich euch jetzt ja endlich verraten.« Des Obersts rotierender rechter Zeigefinger wies sie an, näherzukommen und sich zu versammeln.

Daher parkten sie ihre Räder, schlossen sie aneinander und steckten konspirativ die Köpfe zusammen.

»Wir werden einen großen Coup landen...«

»Was ist das?« Rolli-Olli und der lange Leo schauten einander verständnislos an.

»Dann hast du einen Plan, Chef?« Ihr Kumpel war nicht so schwer von Kapee.

Oberst zu Unterst von Dannen schaute zunächst prüfend in alle Himmelsrichtungen, alsdann der Reihe nach in die drei Augenpaare seiner Tramps.

»Wir werden uns einen Schatz aneignen, einen Schatz, wie ihr ihn noch nicht gesehen habt.«

Tatort Remblinghausen

»Aller guten Dinge sind drei«, überlegte sich Sèrecule Acheseau. Er war ausgestiegen, damit Schorsch seinen Oldtimer müheloser in die recht enge Parklücke bugsieren konnte, und stand nun vor einem ärmlichen, 1938 erbauten Häuschen in unmittelbarer Nähe der schmalen Zufahrtstraße zum Sportplatz von Remblinghausen. Das Schild oberhalb des doppelflügeligen, verzinkten Eisentores wusste zu berichten, dass das Gebäude 1869 und zuletzt 1935 erneuert worden war; folglich war der Anblick des Innenraums mit seiner leeren Nische ziemlich trostlos. War das an der Rückwand eine Votivnische? So etwas hatte er vor gut zwanzig Jahren bei seinem Jordanienurlaub in Umm al-Jimal auf den Spuren der Nabatäer kennenlernen dürfen. Wurde hier von Zeit zu Zeit ein Wanderpokal zur Schau gestellt? Der Kopfsteinpflasterfußboden und vor allem der abplatzende Putz an den weiß getünchten Wänden brachen dem Wunsch nach einer erneuten Renovierung Raum. Doch wo waren die Umkleidebänke?

»Kommst du?« Schorsch wirkte geringfügig ungeduldig. »Wir wollen doch zum Vereinsheim, woll?«

Acheseau überquerte die Straße und folgte – nach einem flüchtigen, irritierten Blick zurück – dem Ruf seines Auftraggebers, nur um kurz darauf wieder anzuhalten. Saftiges Grün, verziert mit akkuraten weißen Linien, soweit das Auge reichte. Er presste seine Stirn ganz dicht an das dunkelgrünbeschichtete Metallgeflecht, so dass er den Anblick ohne Einschränkungen durch das Gittermuster des Zauns in sich aufzusaugen vermochte.

»Wo bleibst du denn?«

»Komme ja... Nur nicht drängeln!«

Der Weg entlang des niedrigen Gebäudes endete vor einem Exemplar Sauerländischer Drahtbiegekunst, dem Portrait einer Wildsau, wie er unschwer aus der Anordnung der schwarzen Linien folgerte.

Schorsch drehte den Schlüssel im Schloss und hielt ihm die weiße Kunststofftür offen, durch die sie in den gemütlichen Innenraum mit seiner imposanten Theke traten.

»Wie sind der oder die Täter hier hereingelangt? Warte bitte hier an der Tür.« Acheseau trug sich mit dem Gedanken, sich sogleich an die Arbeit zu machen, zeigten doch seine kleinen grauen Zellen gewisse Entzugserscheinungen.

»Das ist gestern am späten Nachmittag passiert, als der letzte Spieler noch eben zur Toilette gegangen ist, bevor er abschließen wollte.«

»Ja, ja, was bei Toilettengängen alles passieren kann...«

»Wie meinst du das, Sèrecule?«

»Ach, nichts weiter.« Er widmete seine Aufmerksamkeit der aufgebrochenen Geldkassette auf der Theke. Den dazu notwendigen Platz verschaffte er sich dadurch, dass er die vier benutzten Biergläser sorgsam zur Seite schob. »Dem Himmel sei Dank, dass der Überfall nicht schon vor Jahren stattgefunden hat... Wenn die Ersparnisse für euren Kunstrasenplatz ebenfalls erbeutet worden wären...«

»Na, du bist mir'n Heiopei... Glaubst du, die wären hier in bar gelagert gewesen?« Schorsch blickte sich suchend um.

»Dann ist der Überfall zwar ärgerlich, aber nicht weltbewegend, oder?«

»Ist sonst noch etwas entwendet worden? Gibt es hier vielleicht...?«

Acheseau blickte sich ebenso suchend um. Den Sparschrank neben der Eingangstür hatte er beim Hereinkommen noch nicht bemerkt. Jetzt schien dieser ihn irgendwie anzuziehen. Das Augenmerk starr auf die grün-metallene Türchenkalendervariation gerichtet, näherte er sich konzentriert. Der Kadettfahrer trat einen Schritt zur Seite, denn keinesfalls mochte er die Ermittlungen behindern.

»Das hier ist ein Sparschrank, oder?« Die zartfühlenden Hände des Detektivs tasteten einige der vierzig waagerechten Schlitze auf der Vorderseite ab.

»Jaa...« Die Antwort zog sich irgendwie.

»Und jeder im Verein kann jederzeit einige Münzen hineinwerfen...«

Keine Reaktion.

Unbeirrt wanderten die feinfühligen Hände weiter, umfuhren die Kanten des modernen Gruppen-Sparstrumpfs.

»...aber nicht herausnehmen.«

»Garantiert nicht. Leerung ist jeweils zum Monatsende.«

Als die Fingerkuppen des Detektivs an der Unterseite entlangglitten, fühlten sie ein Hindernis.

»So ist das also...«

»Was denn?« Schorschens Stimme klang ein bisschen verlegen, als er die Hand vom Mund nahm.

»Schau mal hier unten...« Er bückte sich ein wenig. »...an der Unterseite... Das ist Plastiksprengstoff. Er ist sogar noch weich. Irgendwie müssen die Täter bei ihrem Einbruch gestört worden sein, sonst hätten sie sicherlich den Sparschrank gesprengt.«

Der Kadettfahrer nutzte die Gelegenheit, das alukaschierte Papier seines neuen Kaugummistreifens verschämt in der Hosentasche zu entsorgen.

Der Raub

»Großer...! Großer...? Jetzt reagier doch mal... Menschenskinder, Großer, vorne ist Kundschaft!«

Großers Wolf war schon seit vielen Jahren als Werkstattleiter im Fahrradladen der Uta H. Stamm angestellt, aber konnte sich nicht daran gewöhnen, beim Nachnamen gerufen zu werden, schon gar nicht aus dem Off, genauer gesagt dem Büro seiner Chefin. Das erinnerte ihn mit schöner Regelmäßigkeit schmerzhaft an seinen Lehrer, der ihn damals, wenn er neben ihm am Lehrerpult stehen musste, Vokabeln abfragte und wenn er eine nicht sofort parat hatte, unter Zuhilfenahme von Mittel- und Zeigefinger in die Wange kniff. Es folgte ein noch schmerzhafteres Hin- und Herziehen seines Kopfes, dessen Auswirkungen er durch vorausschauendes Mitführen seines Kopfes zu minimieren suchte... Mit dem Erfolg, dass Lehrer Knobker irgendwann seine Wange losließ und dem zurückkommenden Kopf eine deftige Ohrfeige verpasste.

Aber was half's?

Er wischte sich die Hände an einem ausrangierten Geschirrtuch notdürftig sauber und bequemte sich bemerkenswert betulich aus dem Werkstattbereich hinaus nach vorne in den Ausstellungsraum.

»Da sind Sie ja endlich...« Oberst zu Unterst von Dannen war nicht dazu aufgelegt, hier Zeit zu vertrödeln.

»Ihnen auch einen schönen guten Tag.«

»Guten Tag, Großer...«

Da war es wieder! Was fiel dem Typen in dem extravaganten Breitcord-Sakko ein? Das Strunztuch erinnerte ihn an seinen Vater. Der verließ gleichermaßen nie ohne so ein Tuch im Jackett das Haus. Der hatte ihn ebenfalls ›Großer‹ gerufen. Ihm war nie klar geworden, ob das als Wortspiel mit ihren gemeinsamen Familiennamen gedacht war oder als Reihenfolgebezeichnung, weil seine Schwester und sein Bruder nun mal fünf beziehungsweise sieben Jahre jünger waren.

»Also?«

»Wir brauchen leihweise vier von Ihren größeren Lastenrädern dort.«

»Gleich vier?«

Spöttisch blickte der Oberst in die Runde. »Sie haben es erfasst: vier... Und zwar gleich!«

»Das kann dauern.«

»Kann es nicht!« Der Camouflagehosen-Fremde hatte es nicht so mit Sauerländischer Geduld und Ruhe. Er kam bedrohlich näher und klemmte unversehens Großers rechte Wange mittels Zeige- und Mittelfinger der linken Hand ein. »Du lässt jetzt alles andere liegen und machst uns die vier Bakfietsen da fahrbereit, sonst...«

Großers Wolf versuchte es mit einem Vorschlag zur Güte: »Von d-dem k-kleineren Schwester-Mmodell ›Amphy 20‹ d-da v-vorne haben wir g-genügend startklare R-r-räder stehen.« Seine Aussprache war weder flüssig, noch wirklich artikuliert mit dieser schmerzhaften Fingerspange unter dem Auge. »Und d-die Ausstattung ist b-bis auf die G-größe fast g-gleich: w-wasserfeste B-box aus M-melaminharz-b-beschichtetem M-multiplex-Holz...«

»Will ich nicht... Ich gebe dir den guten Rat, dich zu beeilen. Wir haben nicht ewig Zeit.«

Wolf hätte heulen mögen vor Zorn, aber was blieb ihm letztlich, als sich ans Werk zu begeben? Oder sollte er sich mit etwas Schwerem gegen die Männer zur Wehr setzen?

Als könne er Gedanken lesen, fühlte sich der Klugscheißer bemüßigt, noch seinen Senf dazugeben. »Und immer dran denken: Eine Horde bedrohe nie!«

Tatort Heidberg

Den Ortskern von Remblinghausen hatten sie soeben hinter sich gelassen.

Monsieur Acheseaus Magen behauptete, er sei durchaus noch vorhanden, intakt und arbeitswillig. »Wohin fahren wir eigentlich zum Frühstück, Schorsch?«

»Mein Magen knurrt ja auch, aber wir müssen erst noch schnell auf dem Heidberg vorbei... Kräuter kaufen.«

»Eh bien, wenn's nicht allzu lang dauert... und wenn es den Gesamtkilometerstand nicht allzu sehr in die Höhe treibt.«

»Monsieur beliebt zu scherzen, woll? Was sind schon 236.000 Kilometer? Der Wagen ist gerade mal eingefahren!«

»Tut's das Kassettendeck noch?«

»Das tutet nicht; das läuft!«

»Schön, schön... Läuft das Kassettendeck noch?«

»Es geht!«

Der Detektiv rollte mit den Augen. »Wie ist das eigentlich? Wenn man im Sauerland Phrasen drischt, fallen dann einige Körnchen Wahrheit heraus?«

»Hoho!« Der Kadettfahrer prustete los. »Ein Bonmot.«

»Im Ernst... Hast du eine Kassette da?«

»Klar! Es ist sogar eine drin.« Er drückte auf die Abspieltaste und... Die zwei Kadettinsassen begleiteten pfeifend die beiden ihnen so vertrauten Blockflötenstimmen. In die letzten Klänge des Songs platzte unvermittelt Schorschens Frage: »Was glaubst du: Wie bekommt man eine Giraffe in einen Kühlschrank?«

»Eine Giraffe...? Kühlschranktür auf, Giraffe rein, Kühlschranktür zu.« Wie es schien, hatte Acheseau jedoch nur mit halbem Ohr zugehört.

»Falsch: Kühlschranktür auf, Elefant raus, Giraffe rein und Kühlschranktür zu!«

»Trotzdem weiß man hinterher, dass der Elefant im Kühlschrank war!« Die Selbstsicherheit des Ermittlers feierte ein

Comeback. Keck wie ein knapp Fünfjähriger musterte er den Fahrer.

»Das kann man nicht wissen!«

»Doch...!«

»Woran willst du das erkennen?«

»An den Fußspuren in der Butter!«

»Jau, da hast du recht!«

Sie hatten Lengenbeck erreicht, bogen nach rechts in den Waldweg und folgten den zum Teil kaum mehr leserlichen hölzernen Schildern zur »Klause«. Dem Hinweis, dass eine weitere Durchfahrt verboten sei, leisteten sie Folge, stiegen aus, und nachdem Schorsch abgeschlossen hatte, gönnten sie dem Oldtimer eine wohlverdiente Pause.

Für eine Weile schweigend, wanderten sie den Pfad hinauf, entschieden sich für die richtige Abzweigung und näherten sich beinahe andächtig dem Blockhaus-Ensemble. Vor der Kapelle bemerkte Schorsch die dünne Rauchfahne von noch schwelendem Holz.

»Yrmen!«

»Was hast du gerade gerufen?«

»Nicht ›was‹! ›Wen‹... Yrmen?«

»Irmen?«

»Ja. Yrmen aber mit ›Y‹. Yrmen? Bist du da? Wo steckt es denn?«

»Es?« Die Erläuterung des Sauerländischen Gebrauchs des Artikels für weibliche Wesen musste warten, weil die vielen Fragen des Kadettfahrers binnen eines Augenblicks kurz und bündig beantwortet wurden: »Hier!«

»Wo denn?«

»So richtig geschäftstüchtig scheint mir die Kräuterhe...«

Schorsch war aber schon losgerannt.

»Zwischen Klause und Kapelle, Ole!«

Lag da irgendwie Erleichterung in ihrer Stimme? Acheseau beschleunigte seinen Gang. Als er an der Ecke der Klause ankam, nahm Schorsch der Einsiedlerin soeben die letzten Fesseln ab.

»Bist du okay?«

Yrmendrudis konnte nur nicken. Tränen der Erleichterung verschlugen ihr die Sprache.

»Wer macht sowas?« Schorschens Kopfschütteln war ein stetes.

Sie schluchzte ein letztes Mal und sog die Luft so tief und heftig ein, dass es Acheseau an das schlürfende Geräusch eines in einem Zug mittels eines Trinkhalms ausgesaugten, sich nun wieder mit Luft füllenden Trinkpäckchens erinnerte.

»Als ich gestern Abend vom Moossammeln zurückkam, hatten sich vier Männer hier um ein Lagerfeuer breitgemacht und waren dabei, sich eine warme Mahlzeit zuzubereiten. Als ich sie zur Rede stellen wollte, haben mich zwei von ihnen gepackt und gefesselt.« Yrmendrudis hatte sich einigermaßen beruhigt. »Immerhin war einer so aufmerksam, mir von meinem mitgebrachten Schlafmoos als Lager auszustreuen.«

»Können Sie sie beschreiben?« Sèrecule Acheseau stellte einmal mehr seine Professionalität unter Beweis.

Doch Yrmendrudis wandte sich an ihren Retter. »Wer ist der Mann? Und was tut der hier?«

Schorsch half ihr auf die Beine. »Yrmendrudis, ich darf dir Monsieur Sèrecule Acheseau vorstellen? Er begleitet mich und hat mir angeboten, mir bei der Aufklärung des Einbruchs in unser Vereinsheim behilflich zu sein. Und jetzt folgt hier gleich noch ein Fall, woll?«

»Ich bin erfreut, Monsieur Acheseau.«

»Enchanté, Madame. Die Freude ist ganz auf meiner Seite.«

Ehe sie nach Einzelheiten des ersten Falls fragen konnte, versuchte es der Detektiv ein zweites Mal. »Alors, können Sie die vier Männer beschreiben?«

Yrmendrudis kniff die Augen eine Winzigkeit zusammen, wie es aussah, um die Vergangenheit eingehender beobachten zu können. Am Ende sprudelten die Details bezüglich des Aussehens der vier Schurken nur so aus ihr heraus, wodurch sie ein Sonderlob des Ermittlers einheimste.

»Das habe ich noch nie erlebt«, hob er an. »Wie kann sich jemand, der unter Schock steht, so viele Einzelheiten einprägen?«

Die Gefragte lächelte sehr, sehr gewinnend. »Ich war früher als Dienstleisterin im staatlich-pädagogischen Bereich tätig. Da lernt man zu beobachten und sich Sachen zu merken. Wie sonst soll man nach dem Unterricht seine Noten vergeben?«

Acheseau wusste keine Antwort, glaubte aber auch nicht, dass eine solche von ihm erwartet wurde. »War irgendjemand vielleicht so unvorsichtig und hat einen Namen benutzt?«

»Da schien es keinerlei Scheu zu geben. Auf der einen Seite habe ich mich gewundert darüber, auf der anderen hat es mir Angst gemacht. Ich bin ja nun mal eine Zeugin... Sie haben einander laut und vernehmlich mit Namen angeredet. So riefen sie den Längsten von ihnen Leo, den mit dem Rollkragenpullover Rolli-Olli.« Sie tippte sich mehrfach mit dem rechten Zeigefinger auf die Mitte der Stirn. »Rollkragenpullover Anfang September... Egal. Der Dritte wurde ›Klugscheißer‹ genannt, und der Anführer hieß von Dannen, mit vollem Namen Oberst zu Unterst von Dannen.«

Acheseau stutzte nur kurz, denn den Namen meinte er, schon einmal gehört zu haben. »Waren seine Haare und sein Bart von roter Farbe?«

Da die Frage umgehend positiv beschieden wurde, musste es sich definitiv um den Oberst vom Schiff handeln, soviel stand fest. Die Anzahl an Begleitern stimmte gleicherweise...

»Obendrein hat er mir auf Nachfrage seinen Vornamen Friedlieb verraten, weil er mir meinen nicht geglaubt hat.«

»Wie unfein von ihm!« Sèrecule Acheseau echauffierte sich sogar eine Spur.

»Und ›Tramps‹ nannte der Mann seine Truppe... Jetzt fällt es mir wieder ein.«

»Dat hältste im Kopp nich aus! Haben sie viel mitgehen lassen?« Schorsch wirkte echt besorgt.

»Da ich neben dem Rezeptheft meiner Großmutter nichts wirklich Wertvolles mehr besitze, müssten sie damit vorlieb nehmen, so dachte ich. Ich habe noch so halb im Scherz gesagt, dass ihm nach Omas Auffassung ein Schatz innewohne... Sie haben es aber gar nicht mitgenommen. Stattdessen hat der Oberst nur eine einzige Seite herausgerissen, sorgsam zusammengefaltet und in seine Brieftasche gesteckt. Das Heft hat er ohne weitere Beachtung auf dem Baumstumpf da hinten liegen gelassen.«

Acheseau ging hinüber, hob es auf und vertiefte sich in das Blättern durch die vergilbten Seiten. Er nahm sich Zeit, währenddessen die beiden anderen zu einem kurzen Abstecher in die Klause schlenderten, um mit einer Karaffe Brombeersafts und drei Gläsern zurückzukommen.

»Schau mal hier, Schorsch... Die letzte Seite ist herausgetrennt worden und nur diese eine. Hätte ich mit dem Durchblättern doch nur hinten im Heft begonnen...«

»Soviel Lebenszeit hat es dich nun wirklich nicht gekostet, wonnich?«

Acheseau gönnte sich keine Zeit, ihn zu ignorieren, sondern hielt das Heft schräg der Mittagssonne entgegen. »Vielleicht kann ich mit ein wenig Holzkohlenstaub die Linien, die sich auf die darunter liegende Seite beim Zeichnen durchgedrückt haben, sichtbar machen. Einen Versuch ist es allemal wert. Halt mal...« Er drückte dem Kadettfahrer das Heft in die Hand, akzeptierte dankbar Yrmendrudis Erfrischungsangebot und eilte zur Feuerstelle. Etwas verkohltes Holz war im Handumdrehen gefunden, zwischen zwei flachen Steinen zerkleinert, auf die betreffende Heftseite gestreut und vorsichtig fortgepustet. Der gewünschte Erfolg stellte sich leider nicht im erhofften Umfang ein. »Das Kohlepulver war erwiesenermaßen doch zu grob, und die Linien sind nicht tief genug. Man kann nur erkennen, dass es sich um eine Landkarte handelt, den Umrissen nach eine Karte des Sauerlands!« Er drehte sich zu Yrmendrudis um.

»Hat Ihre Grand-mère sich je dazu geäußert, um welche Art von Schatz es sich handeln könnte?«

Die Enkelin schüttelte den Kopf.

»Oder wo dieser zu finden wäre?«

Das Kopfschütteln ging weiter.

»Können Sie diese Schrift lesen?«

»Ich weiß nur, dass es sich um Sütterlin handelt, aber ich habe es in der Schule nicht mehr gelernt.«

Schorsch mischte sich ein. »So dürfte es schwierig werden auszuklamüsern, ob sich in dem Heft noch weitere Hinweise auf den vermeintlichen Schatz finden lassen, wonnich?«

Acheseau wehrte sich innerlich gegen das Wort »vermeintlich«, sagte aber vorerst nichts dazu.

»Ganz gleich...« Sein Chauffeur fand zu seiner Frohnatur zurück. »Ich lade euch nach Eslohe ein. Normalerweise hat die »Konditorei Kaptain« montags Ruhetag, heute aber findet dort ihr Jubiläums-Brunch statt.«

Auf eine irgendwie geartete Gegenwehr musste er nicht gefasst sein, ganz im Gegenteil.

Eine Frage stellte sich dem Detektiv aber noch, deshalb stellte er sie dem Kadettfahrer. »Du hast mir erzählt, dass du Schorsch heißt, und eben hat Madame dich Ole genannt. Wie geht das zusammen?«

»Auf den Namen Ole bin ich getauft worden, weil ein einsilbiger Vorname der Herzenswunsch meiner Eltern war. Diesen Namen benutze ich aber nur in seiner Abkürzung als Künstlernamen... in Kombination mit der plattdeutschen Bezeichnung für wunderschöne Land meiner Mütter, also

›Ol' Siuerland‹. Im Alltag nutze ich meinen Zweitnamen Georg, in der mundartlichen Variante Schorsch.«

Yrmendrudis bat die beiden Männer um ein wenig Geduld, weil sie noch ihre Kräuter holen wolle, zum einen die vom Kadettfahrer vorbestellten, zum anderen die, die sie in Eslohe auszuliefern gedachte, und so schlenderten Acheseau und Schorsch, genannt »Ol' Siuerland«, gemächlich in Richtung des orangen Oldtimers.

Das rätselhafte Lächeln, in das der Detektiv über das Autodach hinweg von der Beifahrertür aus schaute, brachte unverkennbar eine neuerliche Fangfrage mit sich... Und richtig!

»Stell dir mal vor, Sèrecule, dass der König der Tiere, der Löwe, alle Untertanen zu einer Konferenz einlädt, und es herrscht Anwesenheitspflicht. Doch ein Tier ist nicht da... Wer fehlt?«

Da Acheseaus Gedanken jedoch wieder um einen potentiellen Schatz kreisten, konnte er diese Frage nicht spontan beantworten.

Schorsch setzte eine leicht säuerliche Miene auf. »Na, die Giraffe natürlich... Die ist doch im Kühlschrank, woll?«

Die Retourkutsche folgte prompt.

»Und warum haben Giraffen so einen langen Hals?«

Dieses Mal machte Schorsch ein ratloses Gesicht. »Bekomme ich drei Auswahlmöglichkeiten?«

Der Bitte wurde nicht entsprochen... »Weil der Kopf so weit weg ist.«

Acheseau klappte die Lehne des Beifahrer:innensitzes nach vorne um, ließ Yrmendrudis und ihren Körben mit dem herrlich duftenden Inhalt den Vortritt und stieg selbst vorne ein.

»Auf nach Eslohe. Die Jagd beginnt.«

Brunch

Ihr lautes Gelächter übertönte den Chor ihrer knurrenden Mägen. Auch der ruhig vor sich hin schnurrende Kadettmotor hatte keinen Grund zu schlechter Stimmung.

Schorsch wischte sich eine Gute-Laune-Träne aus dem linken inneren Augenwinkel und legte nach: »Kennt ihr den? Das ist ein original jiddischer Witz; den hat mir unser Nachbar, seines Zeichens Rabbiner, erzählt. Ein Rabbi kommt in den Himmel und beklagt sich bitterlich...«

»Worüber denn?«, prustete Yrmendrudis von hinten.

»Ausreden lassen musst du mich schon, woll?«

»'Tschuldige!« Sie schnäuzte sich die Stupsnase.

»Jetzt aber: Ein Rabbi kommt in den Himmel und beklagt sich bitterlich. ›Stell dir mal vor, lieber Gott: Mein Sohn ist zum Christentum übergetreten.‹ ›Ich weiß gar nicht, warum du dich so aufregst. Mein Sohn hat doch dasselbe getan...‹ ›Und was hast du gemacht?‹ Der Rabbi setzte eine erwartungsvolle Miene auf. Gott schmunzelte: ›Ein Neues Testament!‹«

Wieder hatte der Kadettfahrer die Lacher auf seiner Fahrerseite.

Acheseau wurde mit einem Mal nachdenklich und erzählte auf Nachfrage vom Buch Hesekiel, das er in seiner Ferienunterkunft auf dem Nachtschränkchen gefunden hatte. »In einem Vers war die Rede von einem Schatz, über den Räuber kommen sollen. Und jetzt ist dir, Yrmendrudis, dieses rätselhafte Rezeptheft abhanden gekommen...«

Schorsch parkte seinen »PETIT CHOU« unweit ihrer Destination, der »Konditorei Kaptain«.

»Ich hab vielleicht Schmacht!« Er war nicht allein mit diesem Gefühl.

Die drei betraten nacheinander das Café mit dem Eishörnchen auf dem Flachdach, suchten sich einen möglichst abseits des größten Trubels gelegenen Tisch, um – wenn der Mund mal wieder einen Füllstand erreicht haben würde, bei dem Kommunikation jeweils praktikabel wäre – sich eingehender mit dem Rezeptheft zu befassen. Da die Plätze im hinteren Teil der Lokalität samt und sonders besetzt waren, belegten sie den Tisch gleich an der Treppe mit Beschlag.

Sie orderten dreimal Brunch bei der freundlichen Servierkraft und mussten trotz des Trubels nicht lange auf die Erledigung ihrer Bestellung warten.

Während Schorsch sich ab und an etwas notierte, ließ sich Yrmendrudis das Beweisstück von Acheseau aus dessen Trolley herüberreichen und blätterte es mit zusammengekniffenen Augen durch. Die Titelseite ruhte lose im Heyda-Heftdeckel, war doch das letzte Blatt – das mit der Zeichnung – herausgerissen und somit das erste des Halts durch die Fadenheftung beraubt worden. Die zweite Seite präsentierte anscheinend eine Übersicht über die zu erwartenden Leckereien, gefolgt von einem kurzen Text auf Seite drei, dessen Sinn sich jedoch ärgerlicherweise aufgrund der verwendeten Schriftart keinem der drei Brunchenden erschloss... nicht einmal bei längerer Begutachtung – wie man das Heft auch drehte. Analoges galt für die nunmehr letzte Seite. Dazwischen offerierten neun Doppelseiten unübersehbar allerhand kulinarische Köstlichkeiten.

Das gemeinsame Räsonieren wurde unterbrochen durch eine freundliche Stimme, deren Besitzerin zu wissen begehrte, ob alles zur Zufriedenheit der Gäste sei und ob noch Kaffee gewünscht werde. Letzteres wurde bestätigt und um den Wunsch zu zahlen ergänzt.

Als der Kaffeenachschub ihre drei Tassen aufgefüllt hatte, fragte der Kadettfahrer: »Wat krisse?«, riss anschließend den Zettel mit den Notizen von seinem Block und übergab ihn zusammen mit der geforderten Summe und einem anständigen Trinkgeld der gelinde verstört lächelnden Inhaberin der adretten weißen Schürze. Erst jetzt konnte Acheseau sehen, dass es sich bei dem Blatt Papier um ein akribisch ausgefülltes Formular handelte.

»Meinen herzlichen Glückwunsch«, säuselte ein völlig anderer Schorsch, als ihn seine Begleiter bislang erlebt hatten. »Sie haben die Überprüfung Ihrer Arbeitsweise und der Angebotspalette dieses Hauses durch mein ›Mystery Guesting‹ mit Bravour gemeistert. Ich hatte nichts, rein gar nichts auszusetzen an Ihrem Angebot und Service... Ganz im Gegenteil!«

Die Schürze strahlte noch heller als zuvor, als sie den merkwürdigen Gästen den Rücken kehrte.

»Was war das denn? Was hast du hier betrieben?« Der Ermittler war nicht minder irritiert als die Einsiedlerin.

»›Mystery Guesting‹«, strahlte Schorsch. »Nur einer von meinen Jobs, durch die ich meinen Lebensunterhalt im Laufe der Zeit versucht habe zu bestreiten.«

»Und was treibt dich sonst noch um?« Monsieur Acheseaus Neugier war geweckt.

»Ich habe schon alles Mögliche ausprobiert.« Der erklärende Mund hatte gerade merklich Mühe, seinen Inhalt durch tatkräftiges Kauen und entschlossenes Schlucken auf unter siebzehn Gramm zu reduzieren.

Gespannte Gesichter wandten sich ihm zu.

»Hast du letzte Nacht gut geschlafen, Sèrecule?«

Der Angesprochene konnte sich keinen Reim auf die Frage machen.

»Ob du heute Nacht gut geschlafen hast, also zunächst... Hast du zügig einschlafen können?«

Jetzt wusste Acheseau, wo es langging. »Ich kann immer und überall in Orpheus Arme hinübergleiten.«

»Dann betrachte dich als gesegnet. Viele Menschen – nicht nur aus der Haute Volaute – können nur in einem angewärmten Bett einschlafen, speziell in einem Möbel, das nicht das eigene ist.«

»Daher gehen sie mit einer Wärmflasche ins Bett.« Yrmendrudis hatte – so präsentierte es sich – die Lösung.

»Nein, nein... Das ist zu kurz gedacht. Eine Wärmflasche oder so ein Heizkissen wärmt ja nur eine minimale Region des insgesamt wesentlich mehr als einen Quadratmeter großen Übernachtungsareals, woll?« Schorsch schmunzelte. »Und da treten Human-Bettenwärmer in Aktion. Sie werden vom jeweiligen Übernachtungsbetrieb engagiert, auf Wunsch der Übernachtungsgästin oder des -gastes das gebuchte Bett wohl zu temperieren.«

»Und dieser Service wird später extra berechnet.« Acheseau war wieder up to date.

»So ist es.« Zufrieden mit seiner bisherigen Erläuterung blickte der Kadettfahrer in die Runde.

Yrmendrudis lief es kalt den Rücken hinunter. Gegen diese spontane Regung – da war sie sich sicher – würde ein Dienstleister wie der erwähnte auch nichts ausrichten. »Ich liebe die Kühle des Mooses, wenn ich mich abends hinlege.«

»Und ich die eines Federbettes, das ich mit meiner eigenen Körpertemperatur regelrecht aufheizen darf.« Der Franzose lehnte es ab, Alternativen Zutritt in seine Gedankenwelt zu gewähren.

Schorsch wusste, er musste ausholen, um seine Position klarzumachen. »Eine britische Hotelkette hat immerhin herausgefunden, dass Gäste ihren Aufenthalt wesentlich zufriedener bewerteten, wenn sie in ein wunschgemäß vorgewärmtes Bettchen steigen konnten.«

Jetzt wurde es der Dame in der Runde zuviel. »Ich würde doch in keine Falle steigen, in der vorher wer Wildfremdes gelegen hat. Und wie habe ich mich schon vor fremder Leute Haare auf dem Zimmerfußboden geekelt... zu Zeiten, als ich noch auf Klassenfahrten in einer Jugendherberge oder einem Studentenhotel übernachten musste.«

Der Bettwärmefachmann wusste zu beschwichtigen. »In einem human-bettwärmerisch temperierten Bettchen würde man mitnichten je eine Spur der Wärmequelle entdecken können. Da können sich selbst ganz etepetete Leute sicher sein. Da könnte nicht einmal ein Forensiker aus einem Tatort-Krimi was finden! Ein solcher Dienstleister trägt bei seinem Job einen Überzieher, der bis auf Seh- und Atemschlitze den kompletten Körper bedeckt.«

»Und wie lange dauert so eine Anwärmprozedur?« Acheseau wollte es jetzt aber profunder wissen.

»Vielleicht fünf, manchmal sieben Minuten«, wusste Schorsch. »In der Folge ist es im Bettchen mollige zwanzig, zweiundzwanzig, zeitweilig sogar vierundzwanzig Grad warm. Je nachdem, wie heiß der Auftragnehmer ist, woll?«

Eine Art Mitgefühl überkam die Frau vom Heidberg. »Einschlafen sollte man bei seiner Tätigkeit bzw. Untätigkeit aber nicht, oder?«

»Na, logo! Einschlafen? Is nich...! Ich möchte nicht erleben, was die Kundin oder der Kunde für 'ne Fleppe ziehen würde...«

Die so Informierte nickte halberlei verständnisvoll.

Schorsch fügte noch hinzu: »Es gibt aber durchaus noch strangere Jobs, die ich im Laufe meiner Karriere angenommen habe. Wenn man als Solo-Selbständiger – früher hieß das mal ›Ich-AG‹ – unterwegs ist wie ich, muss man eben sehen, woher das Honorar kommt!«

»Noch strange...?« Der Franzose verstand nicht sofort.

»Noch befremdlichere Beschäftigungen.«

»Wie zum Beispiel?«

»Habt ihr euch schon mal gefragt, wie Klebeetiketten auf Äpfel oder Birnen gelangen? Wie man als Firma feststellt, wann eine Farbe für einen Zweitanstrich trocken genug ist?«

Sein Zuhörerduo blickte einander vielsagend an. Dieser Mann war schon speziell.

»Es gibt im Übrigen gewiss Grenzen dessen, was ich machen würde... Ich glaub', wenn ich vielleicht den ganzen Tag Socken umdrehen müsste...«

»Jetzt phantasierst du.« Acheseau hatte genug.

»Pustekuchen! Es gibt noch keine Maschine, die das Strickmaschinenprodukt, sprich die Wollschläuche, auf links ziehen könnte und die nach dem Zusammennähen der Socken, was ja auf links geschieht, diese wieder auf rechts drehen könnte. Das machen Menschen Und zwar, habe ich irgendwo gelesen, im Akkord. Top-Wender sollen es auf über zwei Tausend Stück pro Stunde bringen.«

Yrmendrudis hatte doch schon seit einer Weile den einzelnen Seiten des Rezepthefts mehr Aufmerksamkeit geschenkt als den beruflichen Einlassungen des »Mystery Testers«.

»Schaut mal hier!« Ihre erregte Stimme verfehlte nicht die beabsichtigte Wirkung. »Auf jeder Seite, somit bei jedem mit der Schreibfeder zu Papier gebrachten Rezept, ist jeweils eines der Wörter nachgezogen, und zwar wirklich immer nur eins! Ich glaube, ich habe das Heft nie achtsam genug durchgesehen.«

Sèrecule Acheseau ließ sich elektrisieren! Er bat darum, ihm das Heft auszuhändigen, und die Entdeckung durch Yrmendrudis hielt seiner kritischen Überprüfung mühelos Stand.

»Wenn man jetzt nur dieses Sütterlin entziffern könnte...« Seine Stimme war wesentlich lauter als sonst üblich.

»Entschuldigen Sie, wenn ich mich einmische«, meldete sich eine nicht mehr ganz junge Frau am Nachbartisch zu Wort. In ihren Augen las er eine Mischung aus peinlicher Berührtheit ob ihrer Intervention, andererseits aber wirkliche Hilfsbereitschaft, wenn sich die Menschenkenntnis des Ermittlers nicht vollständig irrte.

»Madame?«

»Ich habe gerade mit angehört, dass Sie ein Problem haben, Sütterlin zu lesen...«

»Vraiment, das haben Sie korrekt aufgeschnappt. Und...?«

»Ich will mich ja nicht aufdrängen, aber – wissen Sie – meine Großmutter...«

»Was ist mit Ihrer Grand-mère?«

»Nichts... Der geht's gut...«

»Ich meine, was wollten Sie uns über Ihre Großmutter sagen?«

»Dass sie diese Schrift noch fließend beherrscht.«

»Und Sie?«

»Sie schreibt mir zwar manchmal eine Mail, aber ich würde ihr zuliebe nie zugeben, dass ich nicht alles entziffern kann.«

»Wo finde ich diese Dame?« Acheseau war Feuer und Flamme. Endlich schien es weiterzugehen in diesem Fall. Na ja, in dem von ihm angenommenen Fall. Aber vielleicht hingen die Dinge ja doch zusammen... Er grübelte. Eine Schatzkarte, geraubt von einem Oberst und zuvor ein Überfall auf ein Vereinsheim unschuldiger Amateurfußballer... Und nicht zuletzt waren da ja noch dieser Hinweis im Buch Hesekiel und die verschlüsselte Botschaft aus dem Led Zeppelin-Song... Ja, vielleicht... Vielleicht fügte sich alles irgendwann zu einem großen Ganzen!

»Sie lebt im St. Franziskus Seniorenhaus. Das liegt an der Bushaltestelle ›Altenheim‹, der letzten Station, bevor der ›R68‹ nach Trockenbrück und Grevenbrück weiterfährt.«

»Und Sie meinen, Ihre Grand-... Sie würde mir...«

»Da bin ich mir sicher.« Ihr Lächeln ließ keinen Zweifel an ihrer Zusicherung. »Ich schreibe Ihnen die Adresse auf...«

»Dann merci beaucoup, Madame.« Er beobachtete sie sorgfältig, während sie einen schmalen Notizblock aus ihrem schmucken Rucksack hervorzauberte, einen Bleistift aus dem Gummizug an der oberen Heftung des Blocks zupfte, in Schönschrift das Gewünschte notierte und die Notiz aushändigte. Zusätzlich überreichte sie ihm noch ein maschinegetipptes Blatt Papier.

»Nehmen Sie den Fahrplan hier... Ich habe noch ein Exemplar zuhause. Soll ich meiner Oma eine WhatsApp schicken und Ihren Besuch ankündigen?«

»Das wäre überaus charmant, Madame. Und noch einmal vielen Dank!«

»Na denn«, ließ sich der Kadettfahrer vernehmen, »werde ich mal sehen, dass ich Land gewinne, woll?«

»In einem Preisausschreiben?« Acheseau war gedanklich zu sehr vertieft in die soeben avisierte Hilfestellung und den Busfahrplan, als dass er Schorschens Aussage hätte vollends in sich aufnehmen können.

»Red' mal kein' Stuss! Ich will noch zum DampfLandLeute-Museum nicht weit von hier. Hab' da noch was zu erledigen und mit dem Ortsvorsteher zu regeln. Ich will mich dafür einsetzen, dass die Knochenmühle von Isingheim nicht nur für die örtliche Bevölkerung reaktiviert wird.«

Der Ermittler hörte nicht einmal mit halbem Ohr zu.

Die Dritte im Bunde schloss sich dem Abschiedsreigen an. »Sammelst du mich auf dem Rückweg ein und nimmst mich mit zurück nach Lengenbeck, zurück zu Karotten und Schwarzwurzeln?«

»Quasi back to the roots? «

»Ja, gewissermaßen. Bis dahin habe ich meine Kräuter... Ach, die musst du mir noch aus dem Wagen...«

»Kann ich tun... Ich mach mir'n Knüpp ins Taschentuch. Tschüss, Sèrecule. Ich hab mich gefreut, deine Bekanntschaft zu machen. Und wenn du etwas herausbekommen solltest bezüglich des Überfalls... Hier ist meine Karte...« Ein kleines Papprechteck wechselte den Besitzer. »Ich weiß, der Fall ist ganz schön fuckelig, aber ich glaub' an dich.« Zum Abschied schlug er Acheseau freundschaftlich in den Rücken. »Bleib ruhig sitzen. Deine grauen Zellen wollen, wie ich es dir ansehe, im Moment nicht länger abgelenkt werden, wonnich?«

Yrmendrudis war aufgestanden, beugte sich zu ihrem neuen französischen Bekannten herunter und hauchte ihm einen Kuss auf die rechte Wange. »Mach's gut. Ole kann mir ja Bescheid geben, wenn du fündig wirst und es wirklich einen Schatz gibt.«

»Killefit! Ich glaub', da kannze 'n Ei drüber schlagen... Den Schatz kannze dir inne Haare schmieren. Und jetzt komm, Yrmen. Die Hitte wollte auch 'nen langen Stert ham! Es wird Zeit... Ach so... Geh schon mal vor zum Wagen. Ich komme gleich nach.«

Yrmendrudis nahm den hingehaltenen Wagenschlüssel entgegen und winkte noch einmal zum Abschied.

Schorsch wandte sich ein letztes Mal an den Franzosen. »Bevor ich's vergesse... Eine Frage hab ich noch: Du kommst an ein Gewässer, das die Heimat von gefräßigen Krokodilen ist. Du willst unbedingt hinüber auf die gegenüberliegende Seite. Es gibt aber kein Boot. Was ist die Lösung?«

Schulterzucken und ein ratloser Gesichtsausdruck waren die Reaktion.

»Du schwimmst...! Die Krokodile sind alle auf der Tierkonferenz, woll?« Freudestrahlend verließ ein zufriedener Kadett City-Fahrer die Lokalität.

Im »R68« nach El Spe

Er hatte den »R68« soeben noch erwischt. Er manövrierte seinen Trolley an einen Ort in der Nähe des Fensters, an der dieser mutmaßlich keine Fahrgäste behindern würde, und vertiefte sich zutiefst in den ihm netterweise geschenkten Fahrplan.

Der war auf einer Schreibmaschine getippt und schon mehrfach kopiert worden – Fotokopie von Fotokopie –, was der Lesbarkeit aber nur geringen Abbruch getan hatte. Er zählte... Vierundzwanzig Stationen lagen vor ihm, ehe er die Haltestelle »Altenheim« in... wie hieß der Ort...? El Spe...? erreichen würde. Es blieb infolgedessen viel Zeit, seinen Gedanken nachzuhängen... War El Spe eigentlich eine Partnerstadt von El Monte oder El Paso, oder hatten sie am Ende einen Schüler:innen-Austausch mit El Salvador?

Der Bus hielt, und eine Horde Schulkinder unterschiedlichster Altersstufen flutete diesen seinen Vertreter des ÖPNV. Schulschluss nach der sechsten...

Er musste an seine Busfahrten zur Schule und nach Hause denken. Wie lange das doch her war. Dennoch war die Erinnerung plötzlich wieder lebendig, so lebendig, als hätte er eben erst sein Deutschheft und einen Füllerfederhalter aus der Schultasche gefischt. Hatte man erst einmal festgestellt, wer von den mittäglichen – wenn denn mittags schon Schulschluss war – Mitfahrenden die Hausaufgaben für Deutsch schon in Erdkunde erledigt hatte, konnte man gegebenenfalls die Aufgaben für Englisch oder Mathe im Tausch anbieten, weil – wozu gab es Kunstunterricht –, wenn nicht zur Bewältigung der Übersetzungsaufgabe zum Abschluss von Unit 10 oder der Lösung der Textaufgaben, die man im Rahmen des Fachunterrichts noch nicht geschafft hatte...? Man konnte von Glück sagen, wenn man seine Zeit nicht mit Vorrechnen an der Tafel verplempern musste, wobei ja die eine oder andere Blamage vor Lehrer und Mitlernenden nicht grundsätzlich ausblieb.

Was aber tun, wenn die Schularbeiten vollständig abgehakt waren? Wie die Zeit herumbekommen, bis man dem immer niederschwellig nach Diesel riechenden Gefährt wieder entsteigen und sich auf die Wohlgerüche, manchmal aber auch Kohlgerüche aus Mutters Küche vorbereiten konnte?

Kartenspielen war eine Option, dazu brauchte man aber Mitspieler. Und die fuhren nicht alle bis zur selben Haltestelle mit. Sich auszutauschen über die englische »Top Twenty« war eine Alternative. Die diesbezüglichen Informationen waren, wenn man die entsprechende Radiosendung verpasst hatte, allerdings nicht ganz einfach zu beschaffen, insistierte doch der französische Staat darauf, dass ein nicht unerheblicher Teil der Musik im Rundfunk französische Musik zu sein hatte. Da musste man hoffen, dass ein Mitschüler nicht durch Rasenmähverpflichtung am Wochenende am Mitschreiben der einzelnen Platzierungen der Lieblings-Hitparade gehindert worden war... Die gelben Vokabelhefte mit den wöchentlich fein säuberlich geführten Listen und einer Jahresbesten-Aufstellung hatte er nie übers Herz gebracht zu entsorgen.

Entsprechendes galt für die blauen Vokabelhefte... die mit den Ergebnissen und Tabellen der »Première Division«, wie sie bis 2002 noch hieß. Hatte man hier Lücken – zum Beispiel durch einen der seltenen Familienausflüge –, blieb nur die Verabredung mit dem besten Freund, um am Montag nach dem Unterricht den Lesesaal der öffentlichen Bibliothek des Heimatortes aufzusuchen, so dass mittels Zeitungsrecherche die unsäglichen Dokumentationslücken gefüllt und die entsprechenden Tabellen nach Möglichkeit selbst ausgerechnet werden konnten.

Dieser Freund trieb seine mit ihm geteilte Leidenschaft für Listen sogar noch viel weiter als Acheseau. War einmal wegen eines Länderspiels kein Liga-Spieltag, war er nicht gewillt, eine Pause zu machen, sondern »erfand« seine eigene Liga, deren Spielergebnisse er festlegte, indem er einen Karl May-Roman an einer beliebigen Stelle aufschlug und die Menge der Buchstaben des ersten Wortes auf der linken Seite als Anzahl an Toren der Heimmannschaft der Spielpaarung verbuchte, entsprechend das erste Wort auf der rechten Buchseite der Auswärtsmannschaft gutschrieb. Dass dabei Ergebnisse von zum Beispiel »Winnetou« zu »Silbersee«, also 8:9 mit fußballerischer Realität wenig zu tun hatten, na ja... Es ging ja in erster Linie um Zeitvertreib.

Sèrecule Acheseaus Aufmerksamkeit wurde mit einem Mal von einer der zwei Damen eine Sitzgruppe schräg links vor ihm in Anspruch genommen, die – er konnte nicht sagen warum – plötzlich ihre bis dahin sehr ruhige Konservation eintauschte gegen heftiges Gestikulieren. Sie beugte sich vertrauensselig vor, deutete aus dem Fenster und wusste ihrer Gesprächspartnerin hinter einer sehr kleinen vorgehaltenen Hand mitzuteilen, dass es sich bei dem Gebäude »dort unten auf der Wiese« um die Knochenmühle von Isingheim handele. Dabei verzog sie irgendwie auffallend ihre Miene.

So kleine Hände zeugten oft von der Redseeligkeit bis Schwatzhaftigkeit ihrer Besitzer:innen, hatte er mal in einer Abhandlung eines Chiromanten gelesen... Er blickte auf seine eigenen Hände. Was wohl ein solcher Handlesekünstler über derartig eckige Greifwerkzeuge denken würde...? Die Mimik, die den Redefluss unterstrich, konnte der Franzose nicht schlussendlich deuten. War es Angst? Wohliges Gruseln? Oder sollte das eine verschwörerische Grimasse sein? Indem er sich an der Lehne des vor ihm angeschraubten Sitzes festklammerte, versuchte Acheseau einen Blick auf das Gebäude zu erhaschen. Unmöglich... Ein Fahrradweg war hinter der Straßenböschung nicht zu erahnen, dennoch anhand der sechs wie Perlen aufgereihten Fahrradhelme, an denen der Bus vorüberglitt, mühelos zu erraten. Und eine Andeutung von Dach im Hintergrund des Landschaftsbildes. Ob sich just in diesem Augenblick dort dunkle Machenschaften bei vollem Tageslicht abspielten? Ob vielleicht sogar ein Leichenwagen mit laufendem Motor dort stand? Wer konnte das schon wissen?

»Und in der Ecke unter dem Fenster links der Eingangstür liegt ein erklecklicher Haufen Schädel und Kieferknochen, die auf ihre Zertrümmerung durch das aus sieben schweren Stößeln bestehende Schlagwerk der Mühle warten.«

Acheseau ließ sich zurück auf seinen dünn gepolsterten Platz sinken, immer noch ganz Ohr für das, was an sein selbiges drang.

»Wusstest du, dass vor der Erfindung des Kunstdüngers diese Knochenbruchstücke als Langzeitdünger auf Felder und Wiesen aufgebracht wurden?«

»Wird das heute nicht mehr gemacht?«, begehrte ihre Gegenüberin zu wissen.

»Leider ist das Holz des oberschlächtigen Mühlrads völlig verrottet, weil es seit Jahren keinen dauerhaften Kontakt mit Wasser mehr gehabt hat. Es ist noch völlig offen, ob und wann die Mühle zu musealen Zwecken wieder geöffnet wird.«

»Das schließt aktuelle kriminelle Machenschaften weitestgehend aus«, beruhigte sich Monsieur Acheseau selbst und probierte, durch Ausstrecken seiner Beine – soweit durchführbar in einem Omnibus – diesen eine Spur von der Entspannung seines Kopfes abzugeben. Er schloss die Augen. Der möglicherweise seiner Entdeckung harrende Schatz kam ihm wieder in den Sinn, blieb dort jedoch nicht allzu lange, denn der Busfahrer bremste wenige Minuten später hart, ausgiebig fluchend, und riss am Lenkrad.

Mit den linken Rädern auf der Gegenfahrbahn und energisch hupend, überholte das öffentliche Verkehrsmittel einige Lastenräder, die den Angestellten der Verkehrsbetriebe Westfalen-Süd dadurch so aus der Fassung gebracht hatten, dass sie hier zwischen Oedingen und Oedingen-Padberg ohne Rücksicht auf Verluste in die B55 eingebogen waren.

Sein Blick nach rechts aus dem Fenster offenbarte Acheseau ein Déjà-vu, wenngleich in veränderter Form. Dieses rosa Strunztuch hatte er doch schon in diesem Breitcord-Sakko an Bord der »MS Hennesee« gesehen. Und drei weitere Tramps begleiteten den Oberst folglich weiterhin. Aber wo hatten sie ihre Mountainbikes gelassen? Und warum fuhren sie auf einmal mit so übergroßen Lastenrädern durch die hügelige Sauerländer Gegend? Lastenräder waren doch dazu da, etwas zu transportieren...

Einige Haltestellen weiter leerte sich der Bus weitgehend. Zwei Jugendliche in teuren Markenklamotten, wie Schorsch sagen würde, tänzelten von der Fahrertür aus durch den Bus bis ganz nach hinten, wo sie sich auf die letzte Bank fläzten, beide Beine beider weit in den Gang gestreckt. Kurz darauf fingen sie an, lautstark eine Rap-Melodie zu grölen, die sie offensichtlich ihren Ohrstöpseln entnahmen, die sie wiederum aus den vor die Brust gehaltenen Smartphones bezogen. Sagte man überhaupt Melodie? Sein Gedankengang wurde von der Lautsprecherdurchsage des Fahrers jäh unterbrochen.

»Hey, Ihr zwei Lümmel auf der letzten Bank... Könnt ihr auch Wanderlieder?«

Der Kleinere der Turnhosen-Dressmänner pflückte den Earbud-Ohrhörer aus seinem linken Ohr. »Nee, wieso Alter?«

»Weil ihr Rabauken ab der nächsten Haltestelle lauft.« Sprach's, bremste, öffnete die Türen und wartete, bis die zwei murrend, aber gehorsam die Gefilde verlassen hatten. Ihrem Beispiel folgte noch ein Rentnerehepaar, das dem Fahrer, ob seines Timings, anerkennend zulächelte. Der winkte zurück, sichtlich zufrieden mit seiner Autorität.

Der Ermittler wäre als einziger Fahrgast übrig geblieben, wäre nicht eine wirklich knallbunt gekleidete und auffällig stark geschminkte Mittfünfzigerin zugestiegen. Sie bahnte sich ihren Weg entlang des schwankenden Gangs des mittlerweile wieder rollenden Verkehrsmittels und setzte sich auf den Platz, den die Knochenmühlenexpertin innegehabt hatte. Sie musterte Acheseau... intensiv... ohne Pause...

Der fühlte sich bemüßigt, den Sitz seines Walross-Schnäuzers zu überprüfen, und zwirbelte zuerst das eine, dann das andere Ende. Da gab es nichts auszusetzen.

»Pardon, Madame. Darf ich fragen, was an mir Sie so fasziniert? Nicht, dass ich es nicht verstehen würde...«

»Goeiemiddag, Meneer. Uw bent de eerste buitenlander die ik leer kennen in het Sauerland!«

Auf der einen Seite hatte Monsieur Acheseau nicht den geringsten Schimmer, was die Frau von ihm wollte, fragte sich zudem, ob Farbschichtenstärke-Messbeauftragter bei L'Eaureal ein für den Kadettfahrer potentiell spannender Job wäre, auf der anderen aber kam ihm die hoffentlich rettende Erleuchtung. Er zückte sein Mobiltelefon, startete eine Übersetzungs-App und bat sie gestikulierend, ihre Anschuldigung ins Mikrofon zu wiederholen.

Sie fragte nach, ebenso gestikulierend: »Ik zou in uw mobiltje moeten spreken?« Als er erwartungsvoll nickte, tat sie wie geheißen.

»Meneer, ik zei: ›Uw bent de eerste buitenlander die ik leer kennen in het Sauerland!‹«

Gespannt wollte er gerade das Handydisplay konsultieren, als ihn die Ankündigung des Busfahrers – »Nächster Halt Altenheim« – über die Maßen beschleunigte. Aufspringen, das Handy in die Hosentasche gleiten lassen, den Trolleygriff ergreifen sowie ausfahren und zur Bustür hechten war zwar nicht eins, aber im rekordverdächtigen Tempo nacheinander bewerkstelligt. Während er aufpasste, den Ausstieg ordnungsgemäß zu bewältigen und nicht noch knapp vor dem Ziel umzuknicken oder Schlimmeres zu erleben, fand er trotzdem Zeit, sich a) mit einem aufrichtigen, zugleich erlösenden »merci« beim Busfahrer zu bedanken und b) der Niederländerin kurz und schmerzlos zuzuwinken. Plötzlich verstand er sogar ohne die App: Die Frau hat ihn als Ausländer angesprochen, sich selbst aber wegen der vielen Niederländer:innen, die das Sauerland so bereitwillig frequentierten, als naturgegeben anwesend eingestuft. Von sonderlich regem Kontakt zur einheimischen Bevölkerung zeugte diese Überzeugung in ihrem Fall mitnichten.

Seniorenhausbesuch

Er stand vor ihrer Tür. Contenance. Jetzt würde er klopfen müssen. War er tatsächlich angemeldet worden? Wie würde er empfangen werden? Auf dem Schild las er ihren Namen: »Rita Pellegrini«. Brachte es überhaupt etwas, hier auf Hilfe zu hoffen bei der Entschlüsselung des Rätsels um das Rezeptheft. Bei einer Italienerin? Und ausgerechnet die sollte Sütterlin beherrschen? Aber was blieb ihm letztlich? Jetzt war er einmal hier...

Wie von selbst öffnete sich die Tür. Ein fesch gestufter grauer Kurzhaarschnitt strahlte ihn an, verabschiedete aber zunächst seinen Damenbesuch.

»Dann also bis in vierzehn Tagen, Fräulein Belle.«

Konsterniert wartete Monsieur Acheseau am Türrahmen und bekam für eine Weile das Heben des heruntergeklappten Unterkiefers nur bedingt gut hin.

»Tschüss, Frau Pellegrini. Machen Sie's gut und... die Pflegespülung nicht vergessen!« Sie drehte sich um und huschte die Treppe hinunter.

Gab es so etwas wie das zweite Gesicht? Und was hieß das für den Betreffenden?

»Sie müssen der Ermittler sein, von dem mir Klara geschrieben hat.« Sie legte das Handy aus der Hand. »Ich bin Rita.« Eine zierliche, knotige, aber sehr gepflegte Hand offerierte eine Begrüßungsberührung. Er nahm an und war von der Temperatur positiv überrascht. Die Hand war gar nicht so sehr kühl wie gedacht.

»Mein Name ist Acheseau, Sèrecule Acheseau. Enchanté, Ihre Bekanntschaft zu machen, Signora.«

»Wie ich schon sagte, ich heiße Rita. Darf ich Sèrecule sagen? Immerhin bin ich die Ältere und zum zweiten die Dame. Folglich ist es mir gestattet, so etwas vorzuschlagen. D'accord? Sie sind doch Franzose, oder?«

Sèrecule Acheseau fühlte sich erkannt und geschmeichelt. »Ja, das haben Sie hervorragend schlussgefolgert... Aber woraus?«

»Das müssten Sie doch selbst am besten wissen!«

»Das stimmt... Wie nun weiter?«

Ihm fiel auf, dass alle Sofa- und Sesselkissen eine Einkerbung in der Mitte aufwiesen... freilich hatte die gestaltende Handkante nicht deren Ober-, sondern die Unterseite so geformt.

»Setzen Sie sich doch bitte, Sèrecule. Was wir zu bereden haben, können wir wahrscheinlich am besten dort am Esstisch erledigen.«

»Sie haben eine ganze Essgruppe? In einem Seniorenhaus?«

»Na sicher! Ich habe mir dieses Heim selbst ausgesucht. Vorher habe ich mir eine ganze Reihe solcher Unterkünfte angeschaut, die Küchen inspiziert, mich über die Menüpläne informiert, ein Apartment in der konvenierenden Größe gewählt und sichergestellt, dass ich meine eigenen Möbel mitbringen durfte, besonders die Teakmöbel.«

»Bewundernswert, so viel Eigeninitiative, Madame... äh, Signora Rita.«

Signora Pellegrini musste lachen. »Verbiegen Sie sich nicht. Sie sind eben Franzose mit Leib und Seele! Unter der Voraussetzung bin ich genauso gerne Madame.«

»Ich will nicht aufdringlich wirken, aber mich würde interessieren, womit man in einer Einrichtung wie dieser die Zeit verbringt?«

»Sicherlich. Wenn ich nicht an einer der vielen von Seiten des Heims angebotenen Aktivitäten teilnehme, was ich im Übrigen regelmäßig tue, so lese ich Kriminalromane. Des Weiteren pflege ich den Kontakt zu meinem weiten Familienkreis hier in Deutschland, desgleichen in Italien. Zum ersten Weihnachtsfest nach meinem Einzug habe ich mir einen Laptop gewünscht, einen Kursus belegt und jetzt mülle ich die liebe Verwandtschaft mit Mails zu. Sie können ja Klara fragen.« Ihr Lachen hatte etwas höchst Ansteckendes.

»Ihre Enkelin sprach aber von Sütterlin...«

»Selbstverständlich... Sütterlin darf nicht in Vergessenheit geraten; sie ist doch Teil unseres Kulturguts. Deshalb habe ich mir eine Sütterlin.ttf, eine Computerschrift, besorgt, auf meinem Laptop installiert und malträtiere die Empfänger meiner elektronischen Post solange damit, bis sie es flüssig lesen, vielleicht eines Tages sogar schreiben können. In der Schule wird das ja heutzutage nicht länger gelehrt.«

Monsieur Acheseau kam nun endlich dazu, das Ersuchen, sich zu setzen, in nähere Betrachtung zu ziehen. Auf Nachfrage ließ er Trolley und den darübergehängten Mantel im Vorraum an der Garderobe stehen. Die Einladung zu einer Tasse Espresso akzeptierte er dankend, setzte sich auf einen der eleganten Stühle, nur um sofort wieder hochzufahren, zurückzugehen und das Rezeptheft aus dem Trolley zu klauben. Erst jetzt fiel ihm der eklatante Widerspruch auf.

»Sie heißen Rita Pellegrini und reden von Sütterlin als Ihrem deutschen Kultur...?«

»Ich bin Deutsche und war es immer«, unterbrach sie ihn, als sie ihm den Espresso und das obligatorische Glas Wasser dazu kredenzte.

»Ja, aber...«

»Ich habe Ende der Neunzehnhundertfünfziger meinen Gabriele kennengelernt.«

»Ihren Gabriele?«

»Wussten Sie nicht, dass Gabriele ein männlicher italienischer Vorname ist, genau wie Andrea, Nicola und Simone?«

»Man lernt doch nie aus.«

»In den Sechzigern hat er sich einen VW Bulli zugelegt, ihn umgebaut und sich durch die meisten der Sauerländer Ortschaften geklingelt, um Eis zu verkaufen. Ich höre sein Läuten heute noch...«

»Und Sie? Wenn ich so unverschämt fragen darf...«

»Sie wissen doch, wie das in der Zeit war. Wollte man als Frau arbeiten gehen, hätte man die Erlaubnis des Ehemanns gebraucht.«

»Ich nehme Ihnen die Rolle des Hausmütterchens nicht ab.«

»Müssen Sie auch nicht. Das wäre nämlich nur die halbe Wahrheit. Ich habe selbst Kriminalromane und -drehbücher geschrieben, selbstredend unter männlichem Pseudonym.«

»Nur gut, dass sich all das grundsätzlich geändert hat.«

»Das stimmt. Wenn ich aber heute daran denke, wie früh mein Gabriele...« Sie zückte ein weißes Taschentuch mit gesticktem Rand und schnäuzte sich vornehm die edel geformte Nase. »Vielleicht hätte ich meinen Mann einfach öfter auf seinen Verkaufstouren begleiten sollen. Wir hätten soviel mehr Zeit miteinander verbringen können. Aber Sie sind ja nicht hier, Sèrecule, um sich über mich zu informieren.« Da war es wieder, dieses Lächeln um die schönen Falten ihres Mundes.

»C'est vrai. Ich habe hier ein Rezeptheft einer Bekannten, in dem offensichtlich ein Rätsel steckt, ein Rätsel um einen Schatz, wenn die Vermutungen stimmen. Wenn Sie mir helfen würden, die Worte hier, die die Schreiberin oder der Schreiber mit der Feder noch einmal nachgezogen hat, in für mich verständliche Schrift zu übertragen...« Er hatte das Heft aufgeschlagen und zeigte beim Umblättern auf so manches Beispiel.

»Dann wollen wir mal... Frisch ans Werk. Ich hole eben etwas zu schreiben.« Die Schreibklappe der Schrankwand beherbergte das Benötigte, verrieten ihm seine Ohren. Für einen Moment gewannen aber die Augen einen Großteil seiner Gehirnkapazität für sich. Was war das für ein reizendes Aquarium…

Sie setzte sich ebenfalls und rückte mit dem Stuhl neben ihn, eng neben ihn.

»Ich muss das in einem ersten Schritt sehr wohl in Sütterlin tun«, entschuldigte sie sich. »Ich lasse aber Platz unter jedem Wort, so dass Sie im Anschluss die Wörter mit meiner Hilfe in die lateinische Schriftsprache oder in Druckbuchstaben übertragen können. Einverstanden?«

Er brauchte etwas Zeit, um seinen Blick von den beiden einträchtig nebeneinander her schwimmenden Schleierschwänzen in dem beleuchteten Becken zu lösen, konnte daher vor Erregung nur nicken.

Gemeinsam suchten sie die jeweiligen Wörter heraus, die einander auf den Doppelseiten gegenüberstanden, und während zwei französische Zeigefinger die Konzentration der alten Dame auf das jeweilige Markierungspaar auf den Doppelseiten fixieren halfen, notierte Signora Pellegrini die Wörter akribisch in einer zweispaltigen Liste. Intuitiv sparte sie zwischen den Wörtern jeweils ein klein wenig Platz aus. Man wusste ja nie, wie viel Freifläche man noch brauchen würde.

Granat	Pfannkuchen
Fleisch	Salat
Salz	Fladen
Gewürz	Gurken
Pfeffer	Schinken

Joghurt Wein

Oliven Kürbis

Milch Waffeln

Trüffel Eis

Als sie die neun Wortpaare zu Papier gebracht hatte, schob sie Sèrecule Acheseau Liste und Bleistift hinüber.

»Das hätte ich nie so zügig herausschreiben können.« Bewunderung lag in seinem Blick. »Jeden Buchstaben hätte ich einzeln abmalen müssen.«

»Ich meinerseits würde Stunden brauchen, die Wörter umzuformatieren.«

»Sie sprechen wie eine Schriftsetzerin, Madame.«

»Nu, nu, ich kann nun einmal das eine, Sie das andere besser… Ich schlage vor, ich diktiere, und Sie notieren die Wörter, wie Sie es für richtig befinden.«

»D'accord, Madame. Das erste Wort lautet?«

»›Granat‹, dann kommt ›Fleisch‹, gefolgt von ›Salz‹, ›Gewürz‹, ›Pfeffer‹ und ›Joghurt‹.«

Acheseau legte den Kopf in den Nacken. Sein Blick endete zwanzig Zentimeter vor ihm im Nichts.

»Die mittleren drei Wörter würde ich ja in einen Zusammenhang bringen können, aber das erste und das letzte… Machen wir erst einmal weiter, bitte.«

Sie nickte. »Nach dem ›Joghurt‹ kommen ›Oliven‹, ›Milch‹ und ›Trüffel‹.«

»Danke. Kommen wir zur rechten Spalte.«

»Es geht los mit ›Pfannekuchen‹, geht weiter mit ›Salat‹, ›Fladen‹, ›Gurken‹ und ›Schinken‹. Die letzten vier Wörter sind ›Wein‹, ›Teig‹, ›Waffeln‹ und ›Eis‹.«

Der Franzose hob den Stift. Um ein Haar hätte er ihn zum Mund geführt, um darauf herumzukauen. »Von Wortpaaren kann keineswegs die Rede sein.«

Granat
GRANAT

Fleisch
FLEISCH

Salz
SALZ

Gewürz
GEWÜRZ

Pfeffer
PFEFFER

Joghurt
JOGHURT

Oliven
OLIVEN

Milch
MILCH

Trüffel
TRÜFFEL

Pfannekuchen
PFANNEKUCHEN

Salat
SALAT

Fladen
FLADEN

Gurken
GURKEN

Schinken
SCHINKEN

Wein
WEIN

Kürbis
KÜRBIS

Waffeln
WAFFELN

Eis
EIS

»Irgendwo liegt die Verbindung. Dessen bin ich mir sicher. Sonst hätte…«

»Schauen Sie mal zum Aquarium, Madame Pellegrini…« Wieder diese Aufregung, über die er den Vornamen seiner Helferin vergaß.

Sie tat, worum sie gebeten wurde.

»Fällt Ihnen etwas an Ihren bildschönen Fischen auf?«

»Nichts Außergewöhnliches… Worauf spielen Sie an?«

»Eben noch schwammen sie als Paar nebeneinander her. Nun ist der eine links im Becken, der andere…«

»Die andere…«, korrigierte sie ihn. »Vielleicht klappt es ja mal mit meinen Zuchtplänen.«

»Die andere demnach schwimmt auf der rechten Seite des Aquariums. Sie sehen einander an, haben eine Beziehung zueinander. Vielleicht wenn man ein Stückchen Futter in die Mitte zwischen sie werfen würde… Was würde geschehen?«

»Sie würden versuchen, es für sich zu erwischen.«

»Der Idealfall aber wäre, wenn sie von den verschiedenen Seiten gemeinsam an dem Futterstück knabbern würden!«

»Ich kann nicht so ganz folgen, Sèrecule.«

»Der Brocken Nahrung wäre die Verbindung. Wollen wir einmal darüber nachdenken?«

»Worüber denn nun?«

»Nun, welcher Brocken Nahrung zwischen unseren Wortpaaren jeweils eingefügt werden muss, damit es für die linke, aber ebenfalls für die rechte Seite einen Sinn ergibt. Wollen wir?«

»Wir können es ja mal versuchen…«

»Könnten Sie das Schreiben wieder übernehmen? So kann ich konzentrierter nachdenken.«

Wortlos übernahm sie das Schreibgerät. Pellegrini und Acheseau gingen in Gedanken nochmals die beiden Listen durch, konzentrierten sich aber schnell auf mögliche essbare Dinge, die die Verbindung zwischen den Wörtern einer Zeile herstellen könnten.

Das erste war nach kürzester Zeit gefunden. »›Granatapfel‹ und ›Apfelpfannekuchen‹.« Acheseaus Augen jubilierten.

»Jetzt ich!« Er hatte Signora Pellegrini angesteckt. »›Fleischtomaten‹ und ›Tomatensalat‹ ist das zweite Pärchen.« Sie legte gleich nach: »›Salzteig‹ und ›Teigfladen‹, ja, das ist es!«

»Was soll denn ›Salzteig‹ sein?« Monsieur Acheseaus Nase war leicht skeptisch gerümpft.

»Das ist ein Teig, den man zum Formen von Reliefs oder Dekorationen von geringer Größe benutzt.«

»Der ist aber nicht essbar!«

»Die drei einzelnen Bestandteile der Zeile schon«, wusste sie einzuwenden.

»Machen wir erst einmal weiter… Wir müssen genauso gut Flüssigkeiten gelten lassen, oder? Ich biete ›Gewürzessig‹ und ›Essiggurken‹.«

»Klasse! Das Rätsel ist ja eine ganz schön harte Nuss. Oh! Das nächste Wort nehme ich: ›Pfeffernuss‹ und ›Nussschinken‹.«

Er schielte auf den Zettel hinüber.

Sie lächelte. »Ich habe ›Nuss‹ nach der alten Rechtschreibung mit ›ß‹ geschrieben.«

»›Dessert‹ für ›Joghurtdessert‹ und ›Dessertwein‹ hätte ich im Angebot. Wir kommen voran!«

»Ich halte dagegen mit ›Olivenöl‹ und ›Ölkürbis‹.«

»Kann man den essen?«

»Er muss noch jung genug sein, dann ja.«

»D'accord.« Er ließ sich breitschlagen, das zu akzeptieren. »Wie wäre es mit ›Milchreis‹ – mmh, lecker… Mit Zimt und Zucker aber! – und ›Reiswaffeln‹?« Fast wäre er abgeschweift.

»Wenn Sie so für Milchreis schwärmen, schlage ich als letztes Wort ›Nougat‹ vor. Für ›Trüffelnougat‹ und ›Nougateis‹ nämlich… Mithin hätten wir plausible Verbindungen gefunden. Ergibt die Liste jetzt irgendeinen tieferen Sinn?«

Granat GRANAT	Apfel	Pfannekuchen PFANNEKUCHEN
Fleisch FLEISCH	Tomaten	Salat SALAT
Salz SALZ	Teig	Fladen FLADEN
Gewürz GEWÜRZ	Essig	Gurken GURKEN
Pfeffer PFEFFER	Nuß	Schinken SCHINKEN
Joghurt JOGHURT	Dessert	Wein WEIN
Oliven OLIVEN	Öl	Kürbis KÜRBIS
Milch MILCH	Reis	Waffeln WAFFELN
Trüffel TRÜFFEL	Nougat	Eis EIS

»Ich brauche doch noch Ihre Hilfe, dass ich die Klammerwörter – wie sagten Sie eben so schön – umformatiere.«

Wieder wechselte das Schreibzeug die zuständige Schreibkraft.

Rita Pellegrini unterdrückte einen Anflug von Gähnen.

»Ich will Sie auch nicht mehr lange behelligen, Madame.« Er selbst hätte auch nichts gegen ein Nickerchen gehabt.

»Zum guten Schluss noch die mittlere Spalte: ›Apfel‹, ›Tomaten‹, ›Teig‹, ›Essig‹...«

Er notierte. »Habe ich, weiter…«

»Die letzten fünf sind ›Nuss‹… Das schreibt man heutzutage aber mit Doppel-›s‹!«

Er nahm das bislang unbenutzte Radiergummi und korrigierte die Schreibweise, ehe er sie anhaltend ansah.

»Da war'n es nur noch vier: ›Dessert‹, ›Öl‹, ›Reis‹ und ›Nougat‹. Und nun?«

Granat	Apfel	Pfannekuchen
GRANAT	APFEL	PFANNEKUCHEN
Fleisch	Tomaten	Salat
FLEISCH	TOMATEN	SALAT
Salz	Teig	Fladen
SALZ	TEIG	FLADEN
Gewürz	Essig	Gurken
GEWÜRZ	ESSIG	GURKEN
Pfeffer	Nuß	Schinken
PFEFFER	NUSS	SCHINKEN
Joghurt	Dessert	Wein
JOGHURT	DESSERT	WEIN
Oliven	Öl	Kürbis
OLIVEN	ÖL	KÜRBIS
Milch	Reis	Waffeln
MILCH	REIS	WAFFELN
Trüffel	Nougat	Eis
TRÜFFEL	NOUGAT	EIS

»Bislang haben wir nur waagerecht gedacht. Wie wäre es, wenn…?«

»Wenn wir die Buchstaben, sagen wir die Wortanfänge senkrecht überprüfen würden, meinen Sie?«

Sie verstanden einander.

Er fuhr mit dem kleinen Finger der rechten Hand die mittlere Spalte herunter und konzentrierte sich auf die Anfangsbuchstaben.

»›ATTENDÖRN‹«, formulierten seine symmetrischen Lippen.

Die Signora prustete laut los. »›ATTENDORN‹, das macht Sinn. Das ist eine Stadt nicht weit von hier.«

»Aber der Umlaut…«, protestierte Acheseau.

»Im Kreuzworträtsel schreibt man deutsche Umlaute als zwei Vokale, hier also ›Öl‹ als ›O‹ – ›E‹ – ›L‹.«

»Demzufolge ›ATTENDORN‹, das werde ich mir merken, wenngleich ich mir noch keinen Reim darauf machen kann.«

»Wenn Sie noch Zeit für ein Glas Wasser haben, lese ich Ihnen mit Vergnügen den einleitenden Text aus dem Heft vor. Mögen Sie?«

Er hatte keine Einwände, im Gegenteil. Sie holte zwei hohe Trinkbecher aus Kristallglas und schenkte ihm und sich gleich viel Mineralwasser ein. Die Kohlensäureperlen benetzten seine Nasenspitze. Sie schlug das Heft auf, sammelte sich und überflog zunächst den Sütterlin-Text:

»Für meine Oma zum Muttertag.
Mögen die Rezepte in diesem Heft,
die ich mir mit Mamas Hilfe selbst ausgedacht habe,
viel Freude machen.
Laß es dir schmecken, liebe Oma!«,

stand dort in der gleichen, minimal unbeholfenen Handschrift. Auch waren – wie in den Rezepten – die Wörter nicht immer in Einem durchgeschrieben. Ab und an war die Feder ab- und wieder neu angesetzt worden. Sie deklamierte: »›Für meine Oma zum Muttertag. Mögen die Rezepte in diesem Heft, die ich mir mit Mamas Hilfe selbst ausgedacht habe, viel Freude machen. Lass es Dir schmecken, liebe Oma.‹ Ich hoffe sehr, Sèrecule, Ihnen etwas geholfen zu haben.«

»Au revoir, Madame. Sie wissen sehr genau, dass Sie mir sehr geholfen haben, dem Rätsel einen hoffentlich erheblichen Schritt näherzukommen. Ein dickes Merci dafür.«

»Au revoir, Sèrecule. Machen Sie's gut. Und wenn Sie wieder in der Gegend sind... Die Plauderei mit Ihnen hat mir großen Spaß bereitet.«

Als sie das Fenster öffnete, drang leise Musik an ihre vier Ohren.

»Das Vergnügen war ganz auf einer Seite. Woher kommt diese Musik?«

»Das wird eine Probe sein für eine der Musikshows, die dort regelmäßig stattfinden.«

»Die wo stattfinden?«

»Auf unserer Naturbühne.«

»Wie bitte komme ich dahin?«

»Nach Verlassen des Foyers können Sie wahlweise rechts herum und über die Straße ›Zur Naturbühne‹ oder links herum und über die ›Karl-May-Straße‹ den Berg hochgehen.«

»Das ist ja interessant... Danke sehr. Gestatten Sie mir, bevor ich gehe, noch eine letzte Frage?«

»Warum nicht, Sèrecule?«

»Diese Friseurin...«

»Fräulein Belle meinen Sie. Die ist meine Schwebehauben-Sachverständige.«

»Diese Frau Belle... Kennen Sie ihren Vornamen?«

»Ich meine, sie habe sich einmal, als sie einen Handyanruf bekam, mit Anna Belle gemeldet.«

Ein Seufzer der Erleichterung entfuhr dem Franzosen. Sein Kommentar war für keinen hörbar, als er über die Treppe das Heim verließ.

»Also nicht Mira...«

Das Duell

Mundharmonikamusik. Das wär's noch... Jetzt Mundharmonikamusik... Das wäre die geeignete Untermalung dessen, was nun unabdingbar kommen musste.

»Mach hinne, du Drömelfutt! Du feige Memme, stell dich endlich!« Der schwarz gekleidete Fremde wirkte ungeduldig, war es vielleicht sogar.

Innerlich musste sein Kontrahent grinsen; äußerlich ließ er sich nichts anmerken. Er überprüfte ein letztes Mal den Sitz seiner beiden Colts, Modell ›Single Action‹, rückte seine Lieblings-Faustfeuerwaffen in Position, stellte sicher, dass sie im Ernstfall nicht im Halfter hängen bleiben konnten. Er war nach wie vor davon überzeugt, dass die Entscheidung für die kurzläufige Variante namens ›Sherif's Model‹ oder auch ›Storekeeper‹ immer von Vorteil für ihn sein würde. Er war zwar kein Ladeninhaber, der vorsichtshalber eine Waffe unter der Ladentheke als Mittel gegen Überfälle lagerte, benötigte aber dennoch diese Art Lebensversicherung. Sein linker Revolver hatte drei Kerben, der rechte derer nur zwei. Aber fünf war doch schon eine stattliche Zahl für einen Ordnungshüter, der seinen Job erst seit wenigen Monaten ausübte. El Spe war sicherer geworden, seit er hier sein Amt versah.

»Tu's nicht! Bitte nicht!« Es Meralda stürzte aus dem Saloon und warf sich ihm an den Hals. »Ich bin doch ein Mädchen mit guten Intentionen, dass du mich nicht missverstehst...«

»Es muss sein, Meralda, vertrau mir!« Sanft aber bestimmt löste er sich aus ihrer Umklammerung. Die so des Halts Beraubte sank schluchzend zu Boden, wodurch ihr langes weißes Kleid etwas Staub vom Bürgersteig aufwirbelte.

Er trat hinaus auf die Straße und wandte den Kopf Richtung Westen. Die Sonne hatte den Zenit schon geraume Zeit hinter sich gelassen, schien ihm daher voll ins Gesicht. Es war nicht das erste Mal, dass er seinen Fokus auf die Irisblende seiner Augen legen musste. Es gab zwei Möglichkeiten: Entweder er blendete auf und würde daher alles in gleißendes Licht getaucht sehen. Das würde aber die Erkennbarkeit der Bewegungen des Banditen drastisch reduzieren. Oder er blendete ab und begnügte sich mit der lichtumsäumten Silhouette des Schwarzledernen.

»Bist du endlich soweit? Einbuchten lass ich mich von dir nämlich nicht!«

Brauchte man für ein Pistolenduell nicht ein höheres Maß an Ausgeglichenheit? Er jedenfalls war die Ruhe selbst. Sichtlich breitbeinig baute er sich auf und sorgte durch leichtes Drehen seiner Lederstiefelspitzen auf dem Straßenasphalt für einen sicheren Stand. Er stellte die Lichtöffnungen seiner Pupillen auf Blende 22. Was sollte ihm schon passieren? Wenn dieser Lukes Lucky, wie er einmal gelesen hatte, schneller schießen konnte als sein eigener Schatten: Er jedenfalls war keinen Deut langsamer. Er musste lauthals lachen.

»Wat gibbet da zu geiern? Zieh!«

Er sah noch so gerade eben, wie die Linke des Schurken nach unten schnellte, da spürte er eine zärtliche Berührung an der Schulter...

»Kann ich Ihnen helfen?«

Monsieur Acheseau blickte zuerst in ein besorgtes Lächeln, das von einer braunen Lockenpracht eingerahmt war, daraufhin auf eine wohlmanikürte Hand auf seiner rechten Schulter. Er stand etwas mühsam von dem Felsbrocken auf, auf dem er gehockt hatte, und drehte sich sacht schwankend um 180 Grad. Rechts und links des Felsens taten zwei rotweiß gestrichene Begrenzungspfähle ihren Dienst, rechts davon ein dritter. Zusammen mit dem Stein diente das Ensemble der Absperrung des von einigem Unkraut durchsetzten Schotterweges, wie das Verkehrsschild in seinem rechten Augenwinkel zu betonen wusste. Auf dem unbefestigten Parkplatz zu seiner Rechten, genauer gesagt am

Zusammentreffen der beiden von der Signora genannten Straßen, ruhte sich ein Dutzend Fahrzeuge von der Herfahrt aus.

»Geht es Ihnen gut?«

Er nickte, ohne wirklich überzeugend zu wirken.

»Darf ich Ihnen vielleicht ein Glas Wasser anbieten?«

»De l'eau minérale? Sehr gerne...« Er wandte sich um zu ihr. »Woher wissen Sie um mein Lieblingsgetränk?«

»Ein Schuss ins Blaue.«

Aber der hatte gesessen.

Erst jetzt nahm er ihre Kleidung wahr. Unter der wildledernen Weste, an der ein Marshallstern im Sonnenlicht blitzte, trug sie eine weiße Leinenbluse. Diese wiederum stak in blauen Denim-Jeans, einer robusten Stoffart, die – wie er aus der Schule wusste – ursprünglich aus seiner Heimatstadt Nîmes stammte... Die Bezeichnung »Serge de Nîmes« hatte sich mit den Jahren zu »De-nim« abgeschliffen.

Die Chaps, die zwei Fingerbreit unter der Kniekehle endeten und die sie wie ein traditioneller Cowboy zum Schutz vor Dornen, Wind und Wetter trug, passten in Farbe und Material exakt zu ihrer Weste, waren aber definitiv leichter als die, die er aus so manchem Westernfilm kannte. Die hier waren nur Show. Dazu wiederum gesellte sich ein Paar spitz zulaufender Stiefel mit schrägen Absätzen und mit Sporen, deren Rädchen ihn an seine Tante erinnerten. Bei ihr hatte er in den Weihnachtsferien mit einem solchen manchmal leckere Plätzchen aus dem ausgerollten Teig ausschneiden dürfen.

»Na, dann kommen Sie doch mit! Ich geh mal vor...«

Gesagt, getan. Mit einem Pistolenhalfter, das an einem Gürtel auf der sich abwechselnd mit der rechten wiegenden linken Hüfte hing und sicherheitshalber an ihrem rechten Oberschenkel festgebunden war, folgte sie sicheren Schritts der geringfügigen Steigung des Wegs, der die dritte Achse des Weg-Ypsilons markierte, die, die letztendlich zur Naturbühne führte.

Den Mantel über den Arm werfen, den Griff des Trolleys herausziehen und das Gefährt in einen fahrtüchtigen Winkel zu kippen war ein vielerprobtes Prozedere. Er musste sich sputen, Schritt zu halten.

Just als Acheseau seine Gastgeberin einholte und das bunte Plakat an der verbretterten Sichtschutzwand entdeckte, drang die Musik wieder bis an sein Ohr vor. Er musste sie unbewusst ausgeblendet haben. Das konnte nur der groß angekündigte Ronaldo Cesare sein, der in einem letzten Refrain irgendeine Johanna besang, die zu lieben er beabsichtige. Der Franzose schenkte der Musik nicht so recht Beachtung, denn wenige Schritte weiter in Richtung eines Tores, das jetzt ins Blickfeld rückte, belegte ein weiterer Anschlag seine Aufmerksamkeit mit Beschlag. Ein Trapper – oder was immer sein Job war – hatte sich mit dem rechten Knie auf den Boden des Sauerlands begeben und deutete nun mit der Hand des ausgestreckten rechten Arms um Haaresbreite rechts am Betrachter vorbei. Unwillkürlich schaute sich Monsieur Acheseau um. Da war nichts. Notgedrungen also zurück zum Bild... Den Gesichtsausdruck des Reiters mit den langen schwarzen Haaren vermochte er, sich schneller zu erklären. Der konzentrierte sich auf das, was ihm der Weiße zeigen wollte. Keinesfalls war es ihm wichtiger, sein Pferd zu tätscheln, wie ein Unbedarfter hätte mutmaßen mögen.

Sein Blick wanderte weiter und entdeckte oben links zwei Wörter, die ihm einen Schauer über den Rücken jagten. »DER SCHATZ«, stand dort in weiß-umrandeten, roten Großbuchstaben. Es elektrisierte ihn förmlich. »Es besteht demnach die Chance, dass es ihn wirklich gibt... diesen geheimnisumrankten Schatz! Aber warum wird so ein Hinweis öffentlich ausgehängt? Und warum wird andererseits die zweite Hälfte des Hinweises überklebt...? Mit diesem eigenartigen Schriftzug ›Ausverkauft!‹...«, dachte er, aber wohl halblaut, denn sein Scout drehte sich zu ihm um. Sie lief einige Schritte rückwärts weiter und wischte sich dabei eine Haarsträhne aus dem Lächeln, so dass sie Acheseau besser in die Augen sehen konnte. »Haben Sie eine Frage? Fragen Sie ruhig!«

Er bezähmte seine Neugier. »Wohin führen Sie mich?«, wollte er bloß wissen.

Wie interessiert, drehte hoch über den beiden ein Rotmilanpärchen (lat.: Milvus milvus, aber davon wussten sie naturgemäß nichts) mit einem Male nach und nach engere Kurven, verringerte sodann kontinuierlich seine Flughöhe.

»Auf unsere Naturbühne. Die diesjährigen ›Karl-May-Festspiele‹ sind gestern zu Ende gegangen. Aber das haben Sie ja wahrscheinlich eben auf unserem Plakat gelesen... Ich arbeite hier an der Kasse, und da ich noch etwas aufzuräumen habe, biete ich Ihnen die einmalige Chance, Ihr l'eau minérale in echtem Western-Ambiente zu genießen! Wie wär's?«

Wetten?

Die Wiese auf der rechten Seite lag im Frühnachmittagssonnenglanz. Hügel neben Hügel war mit dichtem Gras bewachsen, dessen Halme sich im sanften Wind wiegten. In dieser grünen Einöde mutet es so an, als gäbe es kein Lebewesen; nur droben, hoch in den Lüften, zogen die zwei Rotmilane, scheinbar ohne die Flügel zu bewegen, ihre Kreise. Sollten sie wirklich die einzigen Geschöpfe sein, die es hier gab? Nein! Soeben ließ sich ein kräftiges Schnauben vernehmen, und hinter einem der Hügel kam ein Reiter hervor, und zwar ein höchst sonderbar ausgestatteter Reiter.

Der Mann war von gewöhnlicher Gestalt, weder zu groß noch zu klein, weder zu dick noch zu dünn, schien aber kräftig zu sein. Er trug lange Hose, Weste und halblange Jacke... Kleidungsstücke, die aus wasserdichtem Stoff gefertigt waren. Auf dem Kopf saß ein Korkhut mit Nackentuch, wie ihn die englischen Offiziere in Ostindien und anderen heißen Ländern seinerzeit getragen hatten. Die Füße steckten in Mokassins.

Die Haltung dieses Mannes war diejenige eines geübten Reiters. An die Steigbügelriemen war rechts und links je ein Gewehr, dessen Kolben neben dem Fuße des Reiters auf dem schuhartigen Bügel stand, geschnallt. Quer vor dem Sattel hing eine lange Blechrolle oder Kapsel, deren Zweck mehr schlecht als recht zu erraten war. Auf dem Rücken trug der Mann einen Ledertornister mittlerer Größe und darauf einige blecherne Gefäße und sonderbar geformte Eisendrähte. Der Gürtel war breit, ebenfalls aus Leder, und glich einer so genannten Geldkatze. Vor ihm hingen mehrere Beutel herunter, vorn blickte der Griff eines Messers heraus, und hinten waren zwei Taschen aufgehängt, die man für Proviantbehälter halten konnte.

Das Pferd war ein gewöhnlicher Gaul, nicht zu gut und nicht zu schlecht für die Strapazen des Sauerlands; es war an ihm gar nichts Besonderes zu bemerken, außer dass er als Schabracke eine Decke trug, die sicherlich viel Geld gekostet hatte.

Der Reiter nahm allem Anschein nach an, dass sein Pferd mehr Prairieverstand besitze als er, wenigstens bemerkte man nicht, dass er demselben die Richtung gab, er ließ es laufen, wie und wohin es ihm gefiel. Es kletterte einen Hügel hinauf, trollte drüben wieder hinab, fiel einmal freiwillig in Trab, ging wieder langsamer, kurz, der Mann mit dem Korkhelm schien kein festgelegtes Ziel, aber viel Zeit und Muße zu haben.

Plötzlich blieb das Pferd stehen; es spitzte die Ohren, und der Reiter schreckte leise zusammen, denn vor ihm – es war nur nicht zu sehen, woher eigentlich – ließ sich eine scharfe, befehlende Stimme hören: »Stop, keinen Schritt weiter, oder ich schieße! Wer seid Ihr, Master?«

Der Reiter blickte auf, vor sich, hinter sich, nach rechts und nach links; es war kein Mensch zu sehen. Er verzog keine Miene, löste den Deckel von der langen, rollenförmigen Blechkapsel, die vorn quer über den Sattel hing, schüttelte ein Fernrohr heraus, schob die Glieder desselben auseinander, so dass es fast fünf Fuß lang wurde, kniff das linke Auge zu, hielt das Rohr vor das rechte und richtete es gegen den Himmel, den er eine Weile ganz ernsthaft und interessiert beguckte, bis dieselbe Stimme sich lachend vernehmen ließ: »Schiebt doch Eure Sternenröhre wieder zusammen! Ich sitze nicht auf dem Mond, der nicht einmal zu sehen ist, sondern hier unten auf der alten Mutter Erde. Und nun sagt mir, woher Ihr kommt!«

Der Reiter schob, der Aufforderung gehorchend, das Rohr zusammen, steckte es in die Kapsel, verschloss dieselbe sorgfältig und bedächtig, als ob er gar keine Eile habe, deutete dann mit der Hand hinter sich und entgegnete: »Von daher!«

»Das sehe ich, mein alter Boy! Und wo wollt Ihr hin?«

»Dorthin!«, versetzte der Gefragte, mit der Hand jetzt vorwärts zeigend.

»Ihr seid wirklich ein köstlicher Junge!«, lachte der noch immer unsichtbare Inquirent. »Da Ihr Euch aber nun einmal auf dieser gebenedeiten Prairie aufhaltet, vermute ich, dass Ihr die Gebräuche derselben kennt. Es treibt sich hier so viel fragwürdiges Gesindel umher, dass ein ehrlicher Mann gezwungen ist, jede Begegnung etwas kritisch zu sehen. Zurück könnt Ihr in Gottes Namen reiten, wenn es Euch gefällig ist. Wollt Ihr aber vorwärts, wie es allen Anschein hat, so müsst Ihr uns Rede und Antwort stehen, und zwar der Wahrheit gemäß. Jetzt heraus damit! Woher kommt Ihr?«

»Von Schloss Kasteelvijver«, antwortete der Mann im Tone eines Schulknaben, der sich vor dem strengen Blick des Lehrers fürchtet.

»Das kenne ich nicht. Wo ist dieser Ort zu finden?«

»Auf der Landkarte der Niederlande«, erklärte der Reiter, indem er sein Gesicht verzog.

»Gott segne Euren Verstand, Sir! Was gehen mich die Niederlande an. Und wohin reitet Ihr?«

»Nach Kalletal.«

»Mir auch unbekannt. Und wo liegt dieser schöne Ort?«

»In Ostwestfalen.«

»Sach bloß! Das heißt, Ihr wollt an diesem sonnigen Nachmittag von den Niederlanden aus über Elspe nach Ostwestfalen reiten?«

»Heute nicht ganz.«

»So! Würdet es auch nicht leicht machen können. Ihr seid ein Dutchman?«

»Vanzelfspreekend.«

»Von welcher Profession?«

»Jonkheer.«

»Alle Wetter! Ein holländischer Jonkheer mit einer runden Hutschachtel auf dem Kopfe! Euch muss man sich genauer besehen. Komm, Onkel, der Mann wird uns nicht beißen. Ich habe nicht übel Lust, seinen Worten Glauben zu schenken. Entweder ist er übergeschnappt oder wirklich ein holländischer Jonkheer.«

Jetzt wurden auf der Höhe des Nachbarhügels zwei Gestalten, die dort im Gras gelegen hatten, sichtbar, eine lange und eine sehr kurze. Sie waren identisch gekleidet, ganz in Leder wie echte, richtige Westfalen, selbst ihre breitkrempigen Hüte waren von Leder. Die Gestalt des Langen stand steif wie ein Pfahl auf dem Hügel; der Kleine hatte eine Habichtsnase. Ihre Gewehre waren von gleicher Konstruktion... alte, sehr lange Rifles. Der Kleine hatte das seinige mit dem Kolben auf die Erde gesetzt, und doch ragte die Mündung des Laufes noch um einige Zoll über seinen Hut hinaus. Er musste der Sprecher der beiden sein, denn während der Lange noch kein Wort gesagt hatte, fuhr er jetzt fort: »Halt, Master! Sonst würden wir schießen! Wir sind noch nicht miteinander fertig.«

»Wollen wir wetten?«, fragte der Niederländer hinauf.

»Was?«

»Zehn Euro oder fünfzig oder hundert Euro, ganz wie viel Euch beliebt.«

»Worauf?«

»Dass ich Euch eher erschieße als Ihr mich.«

»Dann würdet Ihr verlieren.«

»Meint Ihr? Nou, setzen wir also hundert Euro.«

Er griff nach hinten an die eine Tasche, zog sie nach vorn, öffnete sie und zupfte einige Banknoten heraus. Seine Gesprächspartner blicken einander erstaunt an.

»Master«, rief der Kleine, »ich glaube, Ihr macht wirklich Ernst!«

»Was sonst?«, fragte der Dutchman erstaunt. »Das Wetten ist meine Passion, das heißt, ich wette von Herzen gern und bei jeder Gelegenheit.«

»Und tragt eine ganze Tasche voll Banknoten in der Prairie herum!«

»Könnte ich wetten, wenn ich kein Geld bei mir hätte? Also hundert Euro, sagt Ihr? Oder wollt Ihr noch mehr setzen?«

»Wir haben kein Geld.«

»Das tut ja gar nichts; ich schieße es Euch einstweilen vor, bis Ihr mich entlohnen könnt.«

Er sagte das mit solchem Ernst, dass der Lange vor Verwunderung tief Luft holte und der Kleine geradezu betroffen ausrief: »Uns borgen...? Bis wir Euch entlohnen können? Ihr seid demnach sicher zu gewinnen?«

»Sehr!«

»Aber, Master, um zu gewinnen, müsstet Ihr uns eher erschießen als wir Euch; als Tote aber könnten wir Euch nicht bezahlen!«

»Bleibt sich gleich! Ich hätte doch gewonnen und habe so viel, dass ich Euer Geld nicht brauche.«

»Onkel«, meinte der Kleine kopfschüttelnd zu dem Langen, »so einen Boy habe ich weder schon gesehen, noch gehört. Wir müssen hinab zu ihm, um ihn näher zu beäugeln.«

Er kam mit schnellen Schritten herab, und der Lange folgte ihm steif und in kerzengerader Haltung, als ob er eine Bohnenstange im Körper habe.

Unten angekommen, sagte der Kleine: »Steckt Euer Geld wieder ein; aus der Wette kann nichts werden. Und nehmt den Rat von mir an: Lasst diese Banknotentasche niemand sehen; Ihr könntet es zu bereuen haben oder gar mit dem Leben büßen. Ich weiß wirklich nicht, was ich von Euch denken und aus Euch machen soll. Es scheint nicht ganz richtig in Eurem Kopf zu sein. Wir wollen Euch einmal auf den Zahn fühlen. So kommt mit, nur wenige Schritte weiter.«

Er streckte die Hand aus, um das Pferd des Niederländers am Zügel zu fassen, da glänzten in den beiden Händen desselben zwei Revolver und er rief in kurzem, strengem Ton. »Hand weg, oder ich schieße!«

Der Kleine fuhr erschrocken zurück und hob ansatzweise sein Gewehr.

»Unten lassen. Keine Bewegung, sonst drücke ich ab.«

Die Haltung und die Physiognomie des Niederländers hatten sich plötzlich außerordentlich verändert. Aus den Augen blitzte eine Energie, die den zwei anderen die Worte nahm.

»Meint Ihr wirklich, dass ich verrückt bin?«, fuhr er fort. »Und haltet Ihr mich wirklich für einen Menschen, vor dem Ihr Euch gebärden könnt, als ob die Prairie nur Euer Eigentum wäre? Da irrt Ihr Euch. Bisher habt Ihr mich gefragt, und ich antwortete Euch. Nun aber will ich wissen, wen ich vor mir habe. Wie heißt Ihr, und was seid Ihr?«

Diese Fragen waren an den Kleinen gerichtet; er begegnete dem scharf forschenden Blick des Fremden, der einen ganz eigenartigen Eindruck auf ihn machte, und gab halb ärgerlich und halb verlegen zurück: »Ihr seid hier fremd; darum wisst Ihr es nicht; aber man kennt uns von der Möhne bis hinunter nach Fredeburg als ehrliche Jäger und Fallensteller. Wir sind jetzt unterwegs nach dem Kahlen Asten, um eine Gesellschaft von Bibermännern zu suchen, der wir uns anschließen können.«

»Nou! Und Eure Namen?«

»Unsere eigentlichen Namen können Euch nichts nützen. Mich nennt man den ›Humpty-Dumpty‹, weil ich leider sehr klein und etwas kugelig bin, worüber ich aber noch lange nicht Lust habe, vor Gram zu sterben. Außerdem habe ich diesen Spitznamen von meiner Mutter bekommen, daher hänge ich sehr daran. Mein Kamerad hier ist nur als ›Gans-Tick-Onkel‹ bekannt, denn er läuft in der Welt herum, um stets alle Menschen mit seinen Gänse-Versen zu beglücken. Wenigstens sieht er das so... So, jetzt kennt Ihr uns und werdet uns gleichermaßen über Euch die Wahrheit sagen, ohne dumme Witze zu machen.«

Der Niederländer betrachtete sie mit einem durchdringenden Blick, als ob er ihnen bis tief in das Herz zu sehen wünsche; hernach nahmen seine Züge einen freundlichen Ausdruck an; er produzierte ein Papier aus der Banknotentasche, faltete es auseinander, reichte es ihnen hin und erwiderte: »Ich habe nicht gescherzt. Da ich Euch für brave und ehrliche Leute halte, so sollt Ihr diesen Pass ansehen.«

Die beiden sahen und lasen, sahen einander an; endlich riss der Lange die Augen und den Mund möglichst weit auf, und der Kleine meinte, diesmal in einem sehr höflichen Ton: »Wirklich ein Jonkheer, Jonkheer Jan Kasteelvijver. Aber, Master, was wollt Ihr in der Prairie? Das Leben steht Euch offen.«

»Ach welnee!«, unterbrach ihn der Jonkheer. »Was ich will? Die Prairie und das Felsengebirge kennenlernen und in der Folge nach Fredeburg gehen. War schon überall in der Welt, nur im Sauerland noch nicht. Doch, jetzt sind wir einander vorgestellt und brauchen nicht mehr fremd zu tun. Im Übrigen wäre ›hoogwelgeboren heer‹ die korrekte Anrede für einen Jonkheer... Aber lasst mal stecken. ›Jan‹ reicht mir völlig. Kommt jetzt zu Euren Pferden! Ich meine nämlich, dass Ihr Pferde habt, obgleich ich sie noch nicht gesehen habe.«

»Freilich haben wir welche; sie warten da hinter dem Hügel, wo wir anhielten, um auszuruhen.«

»So folgt mir hin!«

Seinem Tone nach war er jetzt derjenige, der ihnen, anstatt sie ihm, Vorschriften zu machen hatte. Er stieg vom Pferd und schritt ihnen voran bis zu der Stelle, wo zwei Pferde grasten, die zu derjenigen Sorte zu gehören schienen, die despektierlich ›Klepper‹ oder ›Brauereipferd‹ genannt zu werden pflegen. Sein Pferd war ihm dabei wie ein Hund nachgelaufen. Die beiden Pferde kamen auf dasselbe zu; es wieherte aber zornig und schlug gegen sie aus, um sie von sich zu treiben.

»Eine giftige Kröte!«, meinte Humpty Dumpty lapidar. »Scheint ungesellig zu sein.«

»O nein«, gab ihm der Jonkheer zu verstehen. »Es weiß bloß, dass ich noch nicht nahe verwandt mit Euch bin und will infolgedessen mit Euren Pferden einstweilen ebenso fremd bleiben.«

»Wäre es wirklich so klug? Man sieht es ihm nicht an.«

»Oho! Lasst es das nicht hören, wenn Ihr gütigst erlaubt.«

Die beiden Jäger warfen einander verstohlene Blicke zu. Er aber setzte sich ganz ungeniert in das Gras, wo sie vorher gesessen hatten. Dort lag eine angeschnittene, am Vortag gebratene Rehkeule. Er zog sein Messer, schnitt ein tüchtiges Stück herunter und begann zu essen, als ob das Fleisch nicht den anderen, sondern ihm gehöre.

»So ist's recht!«, brummte der Kleine. »Nur keine Umstände machen in der Prairie.«

»Mache ich auch nicht«, antwortete er. »Habt gestern Euer Fleisch geschossen, so schieße heute oder morgen ich welches, natürlich auch für Euch mit.«

»So? Meint Ihr, äh... Jan, dass wir morgen noch beisammen sein werden?«

»Morgen und noch viel länger. Wollen wir wetten? Ich setze zehn Euro und sogar mehr, wenn Ihr wollt.«

Er griff nach der Geldtasche.

»Lasst Eure Banknoten hinten«, bestimmte Humpty Dumpty. »Wir wetten nicht mit.«

»So setzt Euch her zu mir! Will es Euch erklären.«

Sie ließen sich ihm gegenüber nieder. Er musterte sie nochmals mit einem scharfen Blick und erzählte dann geduldig: »Bin die Ruhr heraufgekommen und wollte in Witten einen Scout engagieren oder zwei; fand aber keinen, der mir gefiel. Waren lauter Schund, die Kerls. Bin also fortgeritten, zumal ich mir sagte, dass echte Prairiemänner nur in der Prairie zu finden sind. Treffe jetzt Euch, und Ihr gefallt mir. Wollt Ihr mit?«

»Wohin denn?«

»Nach Freienohl hinüber.«

»Das sagt Ihr so ruhig, als ob es nur ein Tagesritt sei?«

»Es ist ein Ritt. Ob er einen Tag oder ein Jahr dauert, das bleibt sich gleich.«

»Hm, ja. Aber habt Ihr eine Vorstellung von dem, was einem unterwegs begegnen kann?«

»Habe noch nicht daran gedacht, hoffe aber, es zu erfahren.«

»Wünscht Euch nicht zu viel. Übrigens können wir nicht mit. Wir sind nicht so reich, wie Ihr zu sein scheint; wir leben von der Jagd und können somit keinen monatelangen Abstecher nach Freienohl machen.«

»Ich bezahle Euch!«

»So? Na, dann würde sich über die Sache sprechen lassen.«

»Könnt Ihr schießen?«

Es war ein praktisch mitleidiger Blick, den der Kleine auf den Jonkheer warf, als er antwortete: »Ein Prairiejäger und schießen! Das ist bald noch schlimmer, als ob Ihr fragt, ob ein Bär fressen könne. Beides ist genau so selbstverständlich wie meine geringe Körpergröße.«

»Möchte aber doch eine Probe sehen. Könnt Ihr die Geier von da oben herunterholen?«

Humpty Dumpty hob den Kopf in die Höhe und wehrte ab. »Warum sollte ich? Das sind Rotmilane, und die stehen unter Schutz. Ihr freilich würdet es uns mit Euren Sonntagsflinten eh nicht nachmachen.«

Er deutete auf das Pferd des Jonkheers. Die Gewehre hingen noch an den Bügelriemen; sie waren blank geputzt, so dass sie ganz wie neu aussahen, was dem Westfalen ein Gräuel ist.

»So also was?«, wollte der Jonkheer wissen, ohne so recht auf die letzte Behauptung des Kleinen einzugehen.

Dieser stand auf, legte sein Gewehr an, meinte lapidar »Wir schießen auf Kiefernzapfen«, zielte kurz und drückte ab. Man sah, dass an einer Kiefer ungefähr zweihundert Fuß entfernt ein Zapfen einen Stoß erhielt; er zersplitterte augenblicklich, suchte sich zu halten, doch vergebens. Und so regneten die Splitter breitgestreut zur Erde nieder.

»Nun, Herr Jonk, äh..., Jan, was sagt Ihr dazu?«, fragte der kleine Schütze.

»Nicht übel«, lautete die kalte Antwort.

»Was? Nicht übel nur? Bedenkt diese Höhe, und dass die Kugel den Zapfen geradewegs ins Leben traf, denn er war schon in der Luft kaputt! Jeder Kenner hätte das einen Meisterschuss genannt.«

Gefangennahme

Das hölzerne Tor schwang auf und gab den Blick auf das Gelände der Naturbühne frei. Monsieur Acheseau staunte nicht schlecht, als er sich umschaute.

»Hier können ja Unmengen von Menschen zugucken!«

»So ein paar können wir schon unterbringen«, strahlte seine Begleiterin. »Schauen Sie sich in Ruhe um. Sie dürfen sich frei im Gelände umsehen, aber seien Sie vorsichtig. Es wird gleich irgendwann...«

Ein scharfer Knall unterbrach ihre Ausführungen. Würde ein zweiter folgen?

»Das kam von da oben. Schauen Sie...« Sie deutete ins Gelände, rannte spontan los, blieb aber genauso abrupt wieder stehen. »Da oben bei der Bank sind mit Sicherheit irgendwelche Typen, die hier rein gar nichts zu suchen haben! Eine alternative Erklärung habe ich nicht. Aber ich kann mich nicht darum kümmern, da mein Verantwortungsbereich die Kasse ist.«

»So beruhigen Sie sich doch, Madame! Sèrecule Acheseau wird sich der Sache annehmen.«

»Wirklich? Sie sind ein Schatz! Aber passen Sie auf sich auf.«

»Tun Sie nur, was Sie tun müssen. Und legen Sie den Rest in meine begehrten Hände. Ich würde Sie nur bitten, meinen Mantel und den Trolley bei sich unterzustellen, damit ich mich frei bewegen kann...«

»Das ist doch selbstverständlich, wenn ich Sie hier schon für meine Belange einspanne. Geben Sie nur her...«

Er überließ ihr seine Reiseutensilien und orientierte sich in Richtung auf die Westernstadt. Federnden Schrittes ging es hügelan. Er half ja bereitwillig und wo immer er konnte, aber hoffentlich kam ihm das hier jetzt nicht bei seinen eigentlichen Ermittlungen in die Quere. Der hölzerne Gehweg knarrte unter seinen Wanderschuhen, dabei tasteten sich seine Schuhe doch schon weitestmöglich an der Außenkante entlang. Im Saloon war alles dunkel und still, soweit man das von außen einschätzen konnte. Er ließ die Pendeltür Pendeltür sein. Mit dieser Sorte variabler Raumabschlüsse hatte er sowieso seine Probleme. Daran mochte er aber im Moment nicht erinnert werden, weil ihm einfach Wesentlicheres oblag.

Ein Haus weiter wurde Fall auf Knall die Tür aufgerissen, und ein Mann in schwarzer Hose, weißem Hemd mit schwarzen Ärmelschonern sowie einer... Wie sollte man das Teil bloß nennen? ...einer ebenfalls schwarzen Schirmmütze ohne Mütze stolperte rücklings quer über die Bretter, die den Bürgersteig bedeuteten, die zwei Stufen zur staubigen Straße hinunter, wo der Bankangestellte der Länge nach hinfiel. Unmittelbar hinter ihm stapften Springerstiefel, deren obere Hälfte von aufgerollten Nankinghosenbeinen mit Camouflage-Muster verdeckt wurden, aus dem Bankgebäude. Auch den Rest kannte Monsieur Acheseau. Er musste nicht erst das rote Fransen- oder gar das Strunztuch begutachten. Der Oberst! Zum ersten Mal stand er seinem Widersacher gegenüber... Na ja, nicht ganz, weil Oberst zu Unterst von Dannen nur Augen für den Kassierer hatte.

»Ich sag das nicht noch einmal... Du machst jetzt den Tresor auf und packst sämtliche Lohngelder in die bereitgelegten Plastiktüten...«

»Erstens gibt's in dieser Bank keinen Tresor, demzufolge natürlicherweise keine Lohngelder. Und zum zweiten: Plastiktüten benutze ich prinzipiell nicht. Da können Sie sich auf den Kopf stellen!«

»Erzähl keinen Mist! Meine Leute haben das ausgekundschaftet.«

Der Kassierer hatte sich aufgerappelt und notdürftig den Staub von der Kleidung geklopft.

»Weiß ich, was für Leute Sie beschäftigen? Ich an Ihrer Stelle würde aber klugerweise darauf achten, mit welchen Freunden ich mich umgebe...«

»Lauf, wenn dir dein Leben etwas wert ist.« Der Oberst war nicht amused.

Während der um sein Leib und Leben Besorgte die Forderung in die Tat umsetzte, fand der Anführer der Tramps Zeit, zwei Blicke zu werfen. Der nach rechts hatte nichts für ihn Interessantes im Angebot, der nach links veranlasste ihn, seine Kumpane heranzupfeifen, die stante pede vor der Tür erschienen.

»Na, wen haben wir denn hier?« Der Oberst setzte ein äußerst süffisantes Grinsen auf. »Waren wir nicht auch auf dem Schiff?«

Die Seinen machten es wie er und stemmten die Fäuste in die Seiten.

Acheseau war nicht in Konservationslaune.

»Hast du die Sprache verloren, Kollege?« Der Ton wurde schärfer, das Grinsen auf den Visagen der Tramps breiter. Endlich gab es wieder eine amüsante Einlage Ihres Chefs.

»Dann eben noch mal die Frage: Waren wir nicht auch auf dem Schiff?«

Acheseau zuckte die Schultern. »Eigentlich müssten Sie in Ihrem Alter das noch selbst erinnern können.«

»Auch noch frech werden?« Er wandte sich an Leo und Rolli-Olli: »Schnappt ihn euch, Männer. Ich überlasse ihn euch. Bindet ihn! Tut mit ihm, was ihr wollt.«

Acheseau wusste, dass Fortlaufen eine zeitlich sehr begrenzte Lösung darstellen würde.

Abbruch

»En nu, de tweede!«, nickte der Jonkheer dem langen Jäger zu, ohne weiter auf die für ihn unqualifizierte Antwort des Kleinen einzugehen.

Der Gans-Tick-Onkel rappelte sich steif vom Boden auf, stützte sich mit der Linken auf seine lange Rifle, erhob die Rechte wie ein Deklamierender, wendete den Blick gen Kiefer, zeigte mit dem linken Daumen auf seinen Kollegen und sprach in pathetischem Ton:

»Mit sehr viel guter Laune
tret ich in seine Stapfen.
Die Gans staunt hinter'm Zaune,
schieß ich den nächsten Zapfen!«

Bei diesen improvisierten Reimen war seine Pose so steif und eckig wie die einer Gliederpuppe. Er hatte bisher noch kein einziges Wort gesprochen, umso größeren Eindruck musste dieser Vierzeiler machen. So dachte er. Darum ließ er den erhobenen Arm sinken, wendete sich zum Jonkheer um und blickte diesen mit stolzer Erwartung an. Im Gesicht des Niederländers zuckte es, als ob Lachen mit Weinen kämpfe.

»Habt Ihr es richtig gehört, Jan?«, fragte der Kleine. »Ja, der Gans-Tick-Onkel ist ein feiner Kerl. Er war Schauspieler und ist noch jetzt ein Dichter. Er spricht blutwenig, aber wenn er einmal den Mund auftut, so redet er nur in Engelszungen, das heißt in Gänse-Reimen.«

»Nou!«, nickte der Niederländer. »Ob er in Reimen, in Gurkensalat oder Gänseklein redet, das ist nicht meine, sondern seine Sache, aber kann er schießen?«

Der lange Dichter schob den Mundwinkel bis an das rechte Ohr und warf die Hand weit von sich, was eine Geste der Verachtung sein sollte. Schließlich hob er seine Rifle zum Zielen...

»Aus, aus, aus!« Eine verärgerte Frauenstimme mischte sich vehement ein. »Wo stecken all die anderen? Sie hätten exakt in dieser Sekunde in der Szenerie auftauchen müssen.«

»Ja, M'am, keiner von denen zu sehen«, gab Humpty Dumpty ihr recht. »Keine Tante Troll, kein Hobel-Frank, kein Ralf Hawkens, kein Wi...«

»Eben! Zeitgleich mit seiner Erkennungsmelodie... Dadah-daah, dadadaah...« Die rechte Hand dirigierte die Tonfolge. »Die besten Schützen Westfalens... Hier wäre ihr Auftritt gewesen. Sind die vielleicht wieder im Saloon?« Die Regisseurin einer probeweise probierten niederländisch geprägten Version des Erfolgsprogramms der Naturbühne war stinkig.

»Feierabend für heute!«

Oxytocin

Er hatte den Schnabel auf das hölzerne Brustfederkleid gelegt, wie um so weit wie realisierbar nach unten blicken zu können. Die ausgebreiteten Schwingen verhalfen ihm dazu, die Balance zu halten. Knapp einen Meter darunter verhinderte jedoch der Stiernacken des unter ihm ruhenden übergroßen Wisentkopfs ein näheres Betrachten der Situation, die sich weiter Richtung Bodennähe ergab. So musste die Rotmilannachbildung alles Nähere diesem zellulosenen Vertreter der Europäischen Bisons überlassen, zumal er nicht wissen konnte, welche weiteren Kunstfertigkeiten der Gestalter dieses aufgestellten Stücks Totholzes sich noch hatte einfallen lassen.

Soweit das Sichtfeld der Kopie eines Wisents (lat.: Bos bonasus) reichte, lehnte unter ihm eine brünette junge Frau mit dem Rücken an dem mit farbig bemalten Schnitzereien verzierten Stamm. Fahlweiße Bodennebelschwaden würden im Morgengrauen um ihre schmalen weißen Fesseln wabern, wenn... Ja, wenn sie sich nicht würden befreien können. Auf Hilfe war wohl kaum zu hoffen. Denn diese Fesseln würden sich in ihre Fesseln einschneiden... und in ihre Handgelenke. Und in seine... Sèrecule Acheseau ging es nicht anders als der Kassiererin der Naturbühne.

Beide Arme nach hinten gestreckt, wie auf dem Startblock im heimischen Hallenbad und an den verdrehten Handgelenken so an die ihren gebunden, dass sein Puls eins war mit dem ihren, spürte der Franzose förmlich, wie seine Hirnanhangdrüse das von dieser gespeicherte, vom Hypothalamus zuvor auf Vorrat produzierte Oxytocin sukzessive freisetzte. Augenscheinlich urteilte sie, dass Bedarf an einem gerüttelt Maß dieses Kuschelhormons gegeben sei.

Acheseau brummte der Schädel. Gerne hätte er seine Stirn in eine Handfläche gestützt, egal welche, aber war nun einmal nicht machbar.

»Sèrecule? Sèrecule, wie geht es Ihnen? Sind Sie schwer verletzt?«

»Ich glaube nicht, Madame. Wohl aber bin ich leicht niedergeschlagen, weil ich wahrscheinlich niedergeschlagen worden bin. So muss sich das jedenfalls anfühlen.«

»Sie Armer, aber vielleicht ist es ein schwacher Trost, dass in Deutschland heute ›Tag der Kopfschmerzen‹ ist... wie seit 1999 jedes Jahr am 5. September.«

»Sie belieben zu scherzen, n'est-ce pas?«

»Nichts läge mir ferner.«

»Wie komme ich zu der Ehre, den Nachmittag hier mit Ihnen verbringen zu dürfen? Außer natürlich, dass ich der Meinung bin, dass es sich schon per se um eine fesselnde Unterhaltung handelt.«

»Ich hatte Sie doch gebeten, nach dem Knall auf dem Gelände nach dem Rechten zu sehen. Meine Aufgabenbereiche sind Kasse und Finanzen. Daher bin ich schleunigst zum Kassenhäuschen gelaufen und habe angefangen, die gestrigen, noch nicht abtransportierten Einnahmen zusammenzupacken.«

»Lassen Sie mich raten! Zwei Männer haben Ihnen die getane Arbeit dankend abgenommen...«

»Dankbar? Keineswegs. Sie haben mich gepackt, mich hier heraufgebracht und mit Kabelbindern an Sie gebunden. Lassen Sie es mich so ausdrücken... Das ist noch der angenehmste Teil des Nachmittags.«

»Ich darf mich für das Kompliment bedanken. Ihre Fünf-Sterne-Bewertung kann ich nachvollziehen, beruht sie doch auf Gegenseitigkeit.«

In diesem Moment drang eine verhaltene Flötenmelodie an ihrer beider Ohren. Acheseau schloss die Augen und lauschte. Er war sicher, dass er diese Weise nie wieder werde hören können, ohne an diesen Nachmittag erinnert zu werden.

»Pst! Haben Sie das auch gehört?«

Er wurde aus seinen Gedanken gerissen.

»Was denn? Ich höre fast nichts anderes als diese Melodie und unseren gemeinsamen Pulsschlag.« Er holte tief Luft. »Liebe ist: vier Hände, zwei Herzen, ein Takt«, schoss es ihm durch den Kopf. War das der Text zu dem Lied?

»Da ist doch jemand... Hören Sie das denn nicht? Oder sehen Sie vielleicht etwas? Das muss direkt vor Ihnen sein!«

»Jetzt haben sich die langen Halme bewegt, glaube ich... Quelle surprise!«

»Was ist? Sèrecule... So reden Sie schon!«

»Wenn das kein Fieberwahn ist, so robben gerade zwei Menschen durch das Gras in unsere Richtung.«

»Können Sie sie beschreiben?«

»Die beiden könnte man fast verwechseln mit den zwei Figuren auf dem Plakat da vor dem Tor. Die Kleidung dürfte identisch sein, die Gesichter sind allerdings...«

»So weiß ich, dass Rettung naht.«

»Kennen Sie die Figuren?«

»Ich glaube zu wissen, um wen es sich handelt. Wenn ich recht habe, können wir in Kürze wieder unsere Freiheit genießen. Wir werden genügend Zeit haben, dass die beiden sich Ihnen selbst vorstellen.«

Aus dem Gras zu Füßen des Franzosen zischte eine sonore Frauenstimme: »Seid still, wenn euch euer Leben lieb ist!« Schon blitzte ein langes Messer auf, ruckte an seiner Fußfessel..., und dankenswerter Weise konnte er seine Füße endlich wieder frei aufsetzen.

Das gleiche Schicksal erfuhr der Kabelbinder auf der gegenüberliegenden Seite. Ein Seufzer der Erleichterung quittierte den Erfolg des Schnitts. In der Zwischenzeit hatte sich der zweite Schemen lautlos aufgerichtet, darauf bedacht, dass er nicht unnötig weit sichtbar werden konnte, weshalb er sich jeweils in den Schatten einer der zu erlösenden Personen duckte. Sèrecule Acheseau fragte sich seit der gewaltsamen Durchtrennung der weißen Riffelbänder knapp oberhalb seiner dunkelblauen Sneakersocken, wie das Ganze ohne größere Blessuren an den Handgelenken – an seinen wie an denen seiner neuen Bekanntschaft – vonstattengehen könnte. In diese Gedanken bezog er ebenfalls die nicht ganz billige Uhr unter der linken Hemdenmanschette ein, deren Armband hingegen er momentan nicht spürte. Kam das durch den Schmerz der Fesselung? Oder hatten die Gauner sich auch noch an dem von ihm so liebgewonnenen Stück bereichert? Er würde es alsbald wissen...

Die Flötenlaute ebbten ab. Das Kuschelhormon gewann im Körper des Franzosen wieder die Oberhand. Waren die Fesseln erst einmal gelöst, wie würde sich das anfühlen? Würden ihre Herzen noch wie eins schlagen? Oder müsste jedes zu seinem bzw. ihrem eigenen Rhythmus zurückfinden?

Ein leises, aber vernehmliches Knacken leitete den Entfesselungstrick ein. Acheseau kannte es nur zu gut. Das war kein trockener Ast, den ein unvorsichtiger Fuß beim Anschleichen geknickt hätte. Dasselbe Geräusch verursachte der Edelstahl-Nagelknipser, den er stets in seinem Kulturbeutel mitführte.

Das Knacken wiederholte sich, und schlagartig ließ die Oxytocin-Wirkung spürbar nach, denn was zwei Menschen verbunden hatte bzw. hatten, war von zwei anderen getrennt worden.

Die Grotte

Die meisten Gäste waren im Begriff das Lokal zu verlassen, nachdem sie einen informativen Rundgang durch die Attahöhle beendet und ihren Hunger und / oder Durst abgestellt hatten. Nun würden sie die Anhöhe zur Straße hinunterstreben, diese überqueren, in ihre Fahrzeuge steigen und ihr gewünschtes Ziel – in den meisten Fällen die Heimatadresse – in ihre Navis tippen.

Mehr oder weniger ungeduldig warteten vier Männer die Ausdünnung des Besucherstroms ab, um in unregelmäßigen Abständen einen wie kontrollierenden Blick auf die nicht weit vom Höhleneingang geparkten Bakfietsen zu werfen, insbesondere, als ein etwa Zehnjähriger den Gefährten sehr nahe kam.

»Malte-Kevin, kommse getz endlich? Und schmeiß dat Papierschiffken da im Papierkorb.«

Soeben kam die letzte Besuchergruppe die Schräge hoch, an deren linker Seite die den Besucheransturm im Bedarfsfall regulierenden Absperrseile ihrem Feierabend entgegenhingen, als ein scharfes Kommando die wenigen verbliebenen Gäste zusammenzucken ließ. »Es geht los!« Das beige Breitcord-Sakko baute sich gebieterisch vor den drei anderen der Gruppe auf und mahnte diese zur Eile. Ihretwegen hätte es keines solchen Antriebs bedurft, weil sie die Ansage ihres Anführers noch deutlich im Hinterkopf hatten: »Wir werden einen großen Coup landen...«, hatte er vermeldet. Worin dieser Coup auch bestand bzw. wie Rolli-Olli sich immer noch fragte, was denn eine ›Kuh‹ mit einem Schatz zu tun haben könnte…

Mit wenigen, schon mit ihren Mountainbikes trainierten Handgriffen hatten sie die Lastenräder von ihren Schlössern befreit, und sie in der Folge – parallel aufgereiht – in Fahrtrichtung in der Nähe des Höhlenausgangs positioniert.

Der Höhlenführer – oder ›Tourist Guide‹, wie er sich in der Öffentlichkeit neudeutsch betitelte – der letzten Gruppe wendete sich seiner für diesen Nachmittag mutmaßlich letzten Aufgabe zu. Als er jedoch den zielbewussten Druck der Spazierstockspitze des Oberst zwischen seinen Schulterblättern spürte und dieser ihn nahezu zur gleichen Zeit anwies, die Hände vorzugsweise in die Höhe zu strecken, statt sie zum Schließen der Tür zu benutzen, befand er für sich, dass erstere Option die ungefährlichere sein dürfte. Trotzdem grüßte er freundlich.

»Guten Tag!«

»Welch leichtfertig Phrase!« Der Klugscheißer empfahl ihm dringend, seine Hände an den Lenker des Lastenrades seines Chefs zu legen. Weisungsgemäß schob der Guide dieses erste der Bakfietsen, die drei übrigen Tramps die ihren auf die feuchte Schräge, die in die Tropfsteinhöhle hinunterführte.

»Ich will ja nicht über Gebühr neugierig erscheinen...« Der Höhlenführer verlagerte seinen Körperschwerpunkt mit gekonntem Federn in den Knien weiter nach hinten und zog die Bremsen des Fahrrads stärker an. Ganz so leicht waren die Dinger sogar in leerem Zustand nicht. »Was wollen Sie in der Höhle mit Ihren Lastenrädern, wenn ich mir die Frage erlau...?«

Durfte er nicht.

»Ruhe bitte!« Der Oberst wies auf eine verschlossene Tür auf der rechten Seite.

»Was ist da dahinter?«

»Wie heißt das Zauberwort?«

»Paragraph 985 BGB: ›Herausgabeanspruch‹... Also raus mit der Sprache! Was befindet sich hinter der Tür?«

»Unsere Goldstücke.«

»Wie bitte?«

»Unser Käselager.«

»Käselager? Sie wollen mich verar...«

»Um Himmels willen, nein! Nichts läge mir ferner... Was hätte ich davon?«

»Mein Vorschlag: Ein Loch im Rücken...«

»Kein Bedarf, mein Herr. Soll ich aufschließen, damit Sie sich überzeugen können?«

Der Oberst war sich sicher. »Ich glaube nicht, dass ich sehr lange darum bitten muss.«

»N.. nein.«

» Aber ich mache das lieber selber. Dalli, her mit dem Schlüssel... Welcher ist es?«

»Der rechts neben dem Anhänger.« Er trat dem Kommandierenden die Schlüsselgewalt ab.

Oberst von Dannen winkte den Klugscheißer herbei, wies ihn per Kopfnicken und verlangenden Blicken an, den Spazierstock in exakt derselben Position, wie er ihn gehalten hatte, zu übernehmen und mit demselben Druck auf die Wirbelsäule des Höhlenmenschen, den er ausgeübt hatte, zu verwenden.

Die Tür gab kaum einen Laut von sich, als sie aufschwang. Der erste Eindruck hätte jeden Ortsunkundigen überrascht, zumal die Treppe, die nach ein paar Schritten in einem Linksschwung nach unten führte, zu mehr als der Hälfte ihrer Breite von einem kurzen blau-grünen Transportband eingenommen wurde, das – wenn die Wendelung zu eng wurde – seine Aufgabe an das Fließband darunter übergeben würde usw..

Der Oberst zählte nicht mit, wie viele dieser Vorrichtungen es geben mochte. Vielmehr war er konzentriert darauf bedacht, die feuchten Stufen sicher zu schaffen. Kabelschellen hielten die schwarzen Stromleitungen, die in die Tiefe führten. Die Treppe mündete in so etwas wie eine Grotte, die als Kellerraum genutzt wurde, in dem auf beiden Seiten Regal neben Regal stand. Sieben, stellenweise acht, neun Borde übereinander versahen eine durchaus verantwortungsvolle Aufgabe. Sie beherbergten Reihen von gleichmäßig großen Käselaiben, jeder ca. 23 cm im Durchmesser. Er nahm einen Laib in die Hand und taxierte sein Gewicht. Der dürfte gut und gerne mehr als vier Kilo auf die Waage bringen. Jetzt verstand er den Sinn der Transportbänder. Sie stellten eine nicht unerhebliche Arbeitserleichterung dar, wollte man den Käse zum Reifen in der Höhle einlagern und zum Verkauf wieder ans Tageslicht holen.

Er blickte sich in dem kühl-feuchten Ambiente um. Über jedem Regal verhinderte eine Art Überdachung aus Wellkunststoff, dass von den durch künstliche Beleuchtung in Szene gesetzten kleinen Stalaktiten an der Decke mineralienhaltiges Wasser auf die ungefähr 11 cm hohen gelben Kunstwerke tropfen und diese verunreinigen konnte. Sein Blick schweifte weiter und blieb an einer Edelstahldoppelspüle hängen, also einer mit zwei Becken und einer geriffelten Ablauffläche. Als Kind hatte er einmal zugesehen, wie in einer Käserei jeder einzelne Laib einer Produktion mit Hilfe einer Bürste mit Salzlake gepflegt wurde. Vielleicht macht man das hier ja genauso...

Deshalb war er aber nicht hier. Wieder konsultierte er die erbeutete Schatzkarte... Es war eindeutig. Mit der Attahöhle war er am Ziel, nur die Suche war noch nicht zu Ende. Und wo war jetzt der Schatz?

Er ging in die Hocke, einer Position, in der er seiner Erfahrung nach am besten nachdenken konnte... Das gelang auch jetzt. Er schnellte hoch, durchsuchte das Fach unter der Spüle und sodann das Regalfach mit den Arbeitsutensilien.

»Irgendwo muss doch ein Käsebohrer sein... Wie sonst wollen sie den Reifegrad ihrer Produkte feststellen.« Niemand lieh ihm sein Ohr. Das fand er auch gut so. Keine fünf Minuten dauerte es, bis er das Werkzeug fand, mittels dessen es sich umgehend an die Arbeit begab. Er stach in den erstbesten goldenen Laib, drehte den Bohrer und erlaubte sich, von der Rarität zu kosten. Was auf seiner Zunge zerging, war eine würzige Köstlichkeit, wie er sie bislang noch nicht hatte kennenlernen dürfen.

»Jetzt verstehe ich...« Er untersuchte sein Beutestück näher an einer der spärlichen Lichtquellen: Ja, das war gewissermaßen Gold, gediegenes Gold... Und in einer gediegenen Umhüllung!

Kaffee und Kuchen

»Aber bitte mit Sahne, s'il vous plaît.«

»Genau das wollte ich gerade sagen!« Die Kassiererin massierte sich die weiterhin strapazierten Handgelenke.

Monsieur Acheseau war so etwas von erleichtert, in diesem Leben doch noch einmal die Freuden der Zivilisation erleben zu dürfen, dass er alle kalorienhaltigen Bedenken von Herzen ignorierte. Er zwinkerte der Servicemitarbeiterin mit dem adretten weißen Schiffchen neben dem Scheitel aufmunternd zu, ehe er den Apfelkuchen vom Blech für sich und für die anderen – mit Sahne – zu dem gemütlichen Bereich unweit des Eingangs des Saloons der Naturbühne transportierte.

Sein Scout vom frühen Nachmittag half nicht nur aus Gründen zu erwartender Konditoreigenüsse beim Tragen, denn... Irgendwie wirkte ihre Umgebung wie in rosa Licht getaucht. So war sie froh, den Platz neben Sèrecule Acheseau ergattert zu haben.

»Bon appétit.« Der Ermittler setzte sich und äugte in die weite Runde. Drei der Anwesenden hatten schon hier gesessen, als die Neuankömmlinge zwei weitere Tische an den ihren rückten. Dabei wäre der an der Tischkante lehnende Minigolfschläger um Haaresbreite umgekippt. »Für diejenigen unter Ihnen, die noch nicht das Vergnügen hatten... Mein Name ist Sèrecule Acheseau. Ich bin Privatdetektiv und so in die Ihnen bekannte missliche, aber nichtsdestoweniger gleichzeitig angenehme Situation geraten. Er lächelte in Richtung seiner Tischnachbarin. Ich bedanke mich mit einem Mindestmaß der hierzulande üblichen Höflichkeit für Ihren selbstlosen humanitären Einsatz. Darf ich erfahren, mit wem ich es zu tun habe?«

»Dann fang ich mal an. Ich bin Tante Troll, wenn es nottut.«

»Sie habe ich doch auf dem Schiff... Aber wie kommt man zu einem solchen Namen?«

»Nehmen wir doch mal den Ausdruck ›Schönheitsschlaf‹... Wozu soll der nütze sein, wenn ich morgens doch aussehe wie ein Troll?« Tante Troll starrte ins Leere. »Ehe es mir gelingt, mein Gesicht auf Werkseinstellungen zurückzusetzen.«

»Wenn man also des Öfteren einen ›Bad Hair Day‹ hat...«

»Nein, generell!«

»Das ist ein Faszinosum...«

Die Tante ließ sich nicht ablenken. »Okay, und meine beiden Freunde hier – Ralf Hawkens und den Hobel-Frank – kennen Sie ja bereits von ›Xavers Ranch‹.«

»Ah, die Karten-Haie. Aber Sie waren doch zu viert!«

»Schauen Sie mal hinter sich!«

Ein sehr langer Dürrer und ein sehr kleiner, eher kugelig zu Nennender, belagerten die Kuchenausgabe, wovon Letzterer zuerst die Bestellung, hernach deren Transport zum Tisch übernahm.

Acheseau erinnerte sich. »Der Große da komplettiert Ihr Quartett.«

»Unser Kleeblatt!«, wurde er korrigiert. »Hallo, Humpty-Dumpty«, begrüßte Tante Troll den Tabletträger. Das »Hallo, Onkel!« galt dessen Begleiter.

Sèrecule Acheseau blickte in das informationswillige Gesicht. »Eine Tante und ein Onkel demnach?«

»Ja, unser Gans-Tick-Onkel. Wir haben ohne Ausnahme unsere Künstlernamen, weil sich sowieso niemand unsere Privatnamen merken würde, wenn es nottut.«

»Das ist frustrierend, n'est-ce pas?«

Bevor die Erwiderung kam, musste fraglos zunächst ein Kuchenbissen mit Muckefuck heruntergespült werden. »Auf gar keinen Fall; das bedeutet Stolz, Stolz auf unseren Job... Und auf unsere Erkennungsmerkmale, wie zum Beispiel mein Flanellhemd und meine für viele Fans schon legendäre Kopfbedeckung.«

Alle noch am Gespräch Unbeteiligten nickten bestätigend.

»Oder die Gedichte unseres Gans-Tick-Onkels. Wir rätseln allerdings selbst noch, was es mit Ralfs Minigolfschläger da auf sich hat.« Er wies nonchalant auf das Objekt seiner Unwissenheit. Hawkens dagegen schmunzelte vielwissend.

»Darf ich auch Sie um die entsprechenden Informationen ersuchen?« Acheseau wandte sich an sein Gegenüber.

»Ich heiße Wi Ne-tu, bin Gastschauspieler hier auf der Naturbühne. Howgh!« Er hob den rechten Arm und offenbarte Acheseau die Handinnenfläche.

»Enchanté, Herr Ne-tu. Ihr Ruhm hat sich bis ins von hier so ferne Frankreich verbreitet.«

»Uff, ›Ne-tu‹ ist mein Vorname, wenn's konveniert.« Er trank nur ein Schlückchen Energy-Drink aus seiner silbernen Büchse, zog jedoch sofort die Nase kraus, blinzelte in die Deckenbeleuchtung und hielt die Luft an, die dann doch druckvoll aus ihm herausprustete. »Iiihl-Tschi!« Die Kohlensäure drängte es nach Freiheit, so dass er schnaubte wie ein Rappe. »Wie im Sauerland, nennen wir in Südkorea den Nachnamen vor dem Vornamen, und wie prinzipiell alle koreanischen Neugeborenen führe ich einen von meinen Eltern eigens für mich kreierten Eigennamen, und der setzt sich zusammen aus ›ne‹, was Koreanisch ist und soviel heißt wie ›ja‹, und ›tu‹, was in meinem Fall Vietnamesisch ist für ›Viertgeborener‹«.

»Ach so... Und die übrigen... Wieso sind Sie schon hier?« Er schaute herausfordernd in die Runde.

»Unsere Mofas sind rasend schnell!« Hawkens grinste, aber auf eine sehr gewinnende Art, und zupfte sich eine seiner flachsblonden Strähnen zurecht. »Nein, ernsthaft... Wir arbeiten hier auf der Naturbühne, genau wie diese Kolleg:innen.« Er wies auf Wi Ne-tu und dessen Begleitung.

»Euren Einsatz bei der Probe eben habt ihr aber verpasst. Wenn das mal keinen Ärger gibt...« Humpty-Dumpty schüttelte den Kopf, blickte seinen Kompagnon in Erwartung einer Bestätigung an. Der Gans-Tick-Onkel mochte sich aber nicht zu Wort melden.

Ganz anders Wi, der junge Mann mit den schulterlangen blauschwarzen Haaren, die von einem roten Stirnband gebändigt wurden. »Hat mein französischer Bruder die Tortour an dem Pfahl gut überstanden?«

Das beige Fransenhemd, das Acheseau schon auf dem Plakat vorn an der Bretterwand aufgefallen war, barg eine Frauenstimme. Er hatte eine völlig falsche Zuordnung getroffen, was ihn durchaus peinlich anfasste.

»Es muss heißen ›an der Pfahl‹.«

Monsieur verstand gerade rein gar nichts. »Bitte jetzt mal der Reihe nach...« Hilfesuchend fixierte sein Blick den Marshallstern an der wildledernen Weste seiner Nachbarin, dann die Sterne ihrer meeresblauen Augen. Obwohl er vermeinte, dass sein Atem merklich schwerer ging als gewöhnlich, brachte er sein Problem auf den Punkt. »Ist ›Pfahl‹ im Deutschen nicht ein Maskulinum?«

Er hatte den Eindruck, dass ihre Augen noch einen Hauch blauer wurden, als ihre Lippen sich für ihn öffneten, nur für ihn. »Eigentlich schon. Doch ich heiße Pfahl, Martha Pfahl. Das heißt: Sie waren an die Martha Pfahl gebunden.«

Mit vereinten Kräften

»Viereinhalb Kilo, nicht mehr und nicht weniger.«

»Wie jetzt?«

»Auf viereinhalb Kilo schätze ich das Gewicht eines solchen Käselaibs.« Oberst zu Unterst von Dannen war, wie er glaubte, am Ziel seiner Suche.

»Ja und?« Selbst der Klugscheißer war gerade weder auf dem Laufenden, noch auf...

»Und jetzt werdet ihr...« Der Oberst war im Begriff, überlaut zu werden, als der Höhlenführer sich einmischte.

»Werde ich hier eigentlich noch gebraucht?« Es klang nicht nur simpel; er brachte es sogar punktuell auf den Punkt. Wenn diese Bande hier das gefunden hatte, wonach sie unverkennbar gesucht hatte... Abschließen konnte er auch später noch.

»Gedulde dich mal 'ne Runde. Zuerst wird hier verladen, was zu verladen ist.« Die Orden klimperten dezent, als er sein Breitcord-Sakko auszog, sorgfältig – die Außenseite nach innen – zusammenfaltete und auf einer der wenigen freien Stellen auf den Käseborden deponierte, nicht ohne zuvor durch Wedeln mit seinem Mikrofaser-Strunztuch mutmaßlich vorhandenen Staub zu beseitigen. Widerwillig gehorchte der Tourist Guide, als er aufgefordert wurde, die Fließband-Apparatur in Gang zu setzen. Rolli-Olli oblag die Aufgabe, mit ihm zusammen das Band zu beladen. Und so räumten sie stumm ein Regalfach nach dem anderen aus, derweil die verbliebenen beiden Tramps sich oben im Gang ans Verladen des Schatzes in die Bakken der Fietsen machten.

Dass der lange Leo darob mal wieder stöhnte, war nichts Neues. Dieses Mal lief er den Weg vom Ende des Fließbands bis zu dem jeweiligen Rad betont unrund. »Ich muss mir heute Abend unbedingt die Blase an meiner linken Ferse einreiben.«

Wie immer wusste es der Klugscheißer besser. »Eine Blase salbe nie!«

Aus der Käsegrotte tönte die verärgerte Stimme des Anführers. »Ihr sollt malochen, nicht palavern... Wie weit seid ihr? Das geht schneller. Sonst werden wir das mal üben am Wochenende.«

»Hallo..., wir sind hier nicht bei Y-Reisen... Eine Minute, Chef. Ich zähle mal eben nach.« Nach einer halben Minute meldete Leo Vollzug. »In jeder Fahrrad-Kiste liegen jetzt zwölf Käse, Chef.«

»So haben wir ja über die Hälfte geschafft. Weitermachen!«

»Was meint der mit ›wir‹? Tut der Typ da unten auch was?« Leo war brummig. »Ja, bin ich denn der Leo?«

»Japp... Und: Vorsicht, Kollege..., sehr, sehr, *sehr* dünnes Eis. Sieh dich vor... Er hat 'nen schwarzen Gürtel.«

»Na und...?« Leo konnte trotzig werden! »Ich hab 'n schwarzes Koppel, mit einem Schloss... mit 'ner Musikkassette als Schloss!«

Das Anagramm

»Ich hatte mich noch nicht vorgestellt...« Die Fransenhemdbekleidete schaute von Pfahls Martha zu Monsieur Acheseau und lächelte vielsagend. Die drei waren die Letzten der Tafelrunde der eckigen Saloontische. »Monsieur kennt mich ja noch nicht. Mit bürgerlichem Namen heiße ich Rends Ette, eigentlich Henriette, aber die lange Form benutzt niemand in meinem Bekannt:innenkreis.«

»Enchanté, mais... Aus meiner Jugend allerdings... Heißt die Figur bei Karl May nicht ›Old Sh...‹?«

»Langsam, langsam...« Ihr Eifer für ihre Rolle kannte keine Grenzen mehr. »Ich war doch noch gar nicht zu Ende mit meiner Vorstellung. Mein vollständiger Künstlername lehnt sich schon an Ihr Vorwissen an.«

»Wenn Sie so gütig sein wollen, das zu erläutern, Madame.«

»Nur zu gerne, Monsieur Acheseau.« Vollends ignorierte sie den Seitenblick der Kassiererin zu ihrer Linken. »Ich bezeichne mich als ›Olsch' Ette Rend‹.«

»Wo ist da der Unterschied?«

»In der Aussprache so gut wie keiner.«

Sèrecule Acheseaus Ermittler-Gen gewann die Oberhand, gestützt auf sein sprachliches Feingefühl. »Das ›Olsch'‹ könnte eine Abkürzung für ›Olsche‹ sein, gleichbedeutend mit ›Alte‹ wie im Englischen das Wort ›Old‹. Das zweite Drittel ist der von Ihnen angeführte Kurzname ›Ette‹. Jetzt fehlt nur noch der Nachname...«

»Ehe Sie sich verrennen, gebe ich lieber einen Tipp. Wenn Sie die acht Buchstaben nach ›Olsch'‹, folglich die meines Vor- und Nachnamens – das sind ›E‹, ›T‹, ›T‹, ›E‹, ›R‹, ›E‹, ›N‹ und ›D‹ – neu sortieren...« Die untermalenden Handbewegungen waren so emotional, dass die Fransen am Ärmel ihres Trapperhemds zitterten.

»Ah... So ist Ihr Name ›ETTE REND‹ ein Anagramm! Geben Sie mir einen Moment... Ein Anagramm für das Wort ›Tretende‹, gewissermaßen die ›Alte Tretende‹.«

»Fast... Sortieren Sie es bitte noch einmal neu! Was war ich für Sie und Martha? Die...?« Anspannung lag in ihrem Blick.

»›Rettende‹, die › Alte Rettende‹. Nun, über das Alter einer Dame redet ein Mann von Welt nicht. Er genießt...«

Der Hieb von Marthas Ellenbogen in seine linke Seite war nicht so heftig, als dass er Acheseau verletzt hätte, aber kräftig genug, um ihm die Verletzung ihrer Gefühle klarzumachen.

»Monsieur...« Sie stand etwas umständlich auf. »Es hat mich gefreut, dass ich Sie kennenlernen durfte.«

»Die Freude war ganz auf meiner Seite, Madame.« Er ergriff ihre rechte Hand und deutete einen Handkuss an. »Sie ahnen nicht, wie sehr Sie mir geholfen haben.«

In dem Augenblick, da Ette Rend gegangen war, packte den Ermittler wieder das Jagdfieber, und er hoffte, dass er Martha damit würde anstecken können.

»Darf ich Martha sagen?«

Sie nickte nur, lächelte aber kaum merklich.

Er zog seinen Mini-Ringbinder zu Rate und blätterte nach der Liste der ominösen Buchstaben, die auf dem Blatt Papier aus der Nachttisch-Schublade markiert worden waren.

»Jetzt endlich verstehe ich...«

»Wovon reden Sie, Sèrecule?«

Er befand es allerdings für einen Tick zu früh, sie vollständig in seine Erkenntnisse einzuweihen. Aber er verstand endlich den Anagramm- und Hesekiel-Zusammenhang... Der Schatz musste demnach in einer Höhle sein. Aber welcher? Vielleicht wusste Martha es.

»Wo gibt es in der näheren Umgebung eine Höhle?«

»Die hier in der Gegend berühmteste ist die Attahöhle.«

»Wie kommt man auf so einen Namen? Es ist schon ungewöhnlich, n'est-ce pas, eine Höhle nach einem in den indischen Küche traditionell verwendeten Vollkorn-Weizenmehl zu benennen.«

Martha Pfahl setzte wieder ihr strahlendes Lächeln auf. »Nein, Sèrecule, hier irrt der Meister. Einst lebte hier im Sauerland eine Fürstin dieses Namens. Als sie sich eines schönen Tages auf einem Jagdausflug in dornigem und steinigem Gelände verirrte, war sie so dankbar dem Köhler gegenüber, der sie in seine Hütte aufnahm, dass sie ihm das ganze Gelände schenkte. Fürstin Atta riet ihm, er möge das Geschenk nicht gering schätzen, da sich in ihm ein Schatz befinde.«

»Und was tat der Köhler?«, fragte Acheseau, der bei dem Wort ›Schatz‹ hellhörig geworden war.

»Er benannte die Siedlung, die er ihr zu Ehren gründete, Attendorn.«

»Und dort liegt die Höhle? Wie sagten Sie...? Die Attahöhle?«

»Ja, genau.«

»Nun müsste man nur noch wissen, worin der unterirdische Schatz bestand... Oder besteht?«

Sie zuckte die Schultern. »Ich kann mir nur vorstellen, dass damit die tollen Stalaktiten und Stalagmiten der Tropfsteinhöhle gemeint sind. Die sind ein Publikumsmagnet.«

»Nein, nein, das reicht nicht aus. Die findet man ja in jeder Tropfsteinhöhle. Ich bin mir sicher, dass da mehr ist... Darf ich Sie in meine Ermittlungen einbeziehen?« Monsieur Acheseau musste es an dieser Stelle riskieren, und er entschied, dass dieses Risiko ein zu vernachlässigendes sei.

»Danke für das Vertrauen, Sèrecule. Wollen wir nicht ›du‹ zueinander sagen?« Ihre Augen fanden seine.

»Liebend gern, Martha.« Noch nie hatten sich die Blicke einer Frau so in ihn versenkt, ihn mit ihrer Glut beinahe versengt. Bevor ihm wieder Oxytocin das analytische Denken erschweren konnte, lenkte er sich ab, indem er das Thema auf das Anagramm der Ette Rend lenkte. »Und ich glaube ja, dass die markierten Buchstaben auf diesem Stück Papier ebenfalls ein solches Buchstabenrätsel darstellen könnten.« Er beobachtete sie unter niedergeschlagenen Augenlidern, als er es sorgfältig auseinanderfaltete. »Aber einen Sinn bringe ich nicht zuwege..., Martha.«

»Kann ich mal sehen?«

Es kostete ihn kaum noch Überwindung, dieser Frau den geheimen Schlüssel anzuvertrauen, den er hinter den Buchstaben vermutete. Er gab ihr sein Mäppchen, und sein Ohr berührte fast das ihre, als ihre Augen gemeinsam die Liste hinunter- und wieder hinaufglitten.

»A«
»E«
»E«
»E«
»E«
»H«
»H«
»K«
»L«
»N«
»O«
»S«

Beide wahrten eine angestrengte Stille, bis sich Sèrecule mit einem Seufzer zu Wort meldete. »Was ich bisher erschlossen habe und was alle Buchstaben verbraucht, ergibt alles keinen wirklichen Sinn: ›HASE OHNE KLEE‹, ›HASE OHNE EKEL‹, ›HOHE EKELNASE‹, ›HOLE SEEHAKEN‹, ›HAKENLOSE EHE‹ und ›NOAHS EHEEKEL‹... Keine Kombination bringt die Buchstaben in einem Wort unter.« Er stöhnte.

Martha benötigte insgesamt keine drei Minuten. »Wenn ich bedenke, dass die Hälfte der Lettern deiner Liste Vokale sind...,« Sie kniff die Augen zusammen. »...so kann ich mir keine andere sinnvolle Kombination vorstellen als das Wort

›Höhlenkäse‹.« Sie war schon ein bisschen stolz auf ihre Entschlüsselungsleistung.

Acheseau aber schüttelte so energisch den Kopf, dass sein Schnauzbart mehrmals unbeabsichtigt ihre Wange streifte. »Wie soll das gehen? In dem von dir angeführten Wort kommen zwei Umlaute vor, ein ›Ö‹ und ein ›Ä‹, und keiner davon steht in der Liste. Und was soll das sein... Höhlenkäse?«

Sie kratzte sich an der kitzelnden Wange. »Höhlenkäse ist eine Spezialität der Attahöhle, denn er reift dort in feuchtkalter Umgebung, was einen ganz eigenen Geschmack erzeugt.«

»Ja, aber...«

»Kein ›aber‹, sondern ›und‹... Und in deutschen Buchstabenrätseln werden die Umlaute mit einem Vokal und angehängtem ›E‹ notiert.«

»Was war ich für ein Schaf!« Der Ermittler ärgerte sich zutiefst über sein kurzes Gedächtnis. Madame Pellegrini hatte es ihm doch am frühen Nachmittag so eingehend erklärt.

Viererlei

»Jetzt tut mir auch noch das rechte Knie wieder weh!« Leo verzog das Gesicht.

Sie waren dem Lauf der Bigge flussabwärts gefolgt, hatten Alt-Finnentrop hinter sich gelassen und hier in Finnentrop – einer Modelleisenbahn-Stadt, wie man meinen konnte – eine kurze Rast eingelegt. An besagtem Bahnhof trafen die Bahnstrecken von Olpe nach eben Finnentrop sowie von Hagen nach eben Finnentrop zusammen.

»Was hast du wieder zu lamentieren?« Oberst zu Unterst von Dannen verdrehte die Augen.

Der lange Leo massierte sich die schmerzende Passage zwischen Ober- und Unterschenkel. Zwischendurch wischte er sich einzelne salzhaltige Flüssigkeitstropfen aus dem einen wie anderen Augenwinkel.

»Ich bin im Urlaub in Ungnade gefallen.« Der Aussage meinte er nichts hinzufügen zu müssen.

»In Ungnade? Du fällst gleich bei mir in Ungnade.«

»Aber die Schürfwunde ist noch nicht richtig verheilt!« Dafür musste der Chef doch wohl Verständnis aufbringen.

»Ich halte es mit Otto Rehhagel, für den nur glatte Brüche als Verletzungen zählten. Also stell dich gefälligst nicht so an.«

Rolli-Olli legte seinem Kumpel den rechten Arm auf die Schulter. »Wie macht man das... in Ungnade fallen?«

»Fahr hin und probier's aus.« Leo war nicht nach Erzählen.

»Wohin soll ich fahren?«

Wer sonst als der Klugscheißer hätte sich zu Wort melden sollen? »Hat er doch gesagt... nach Ungnade!«

Rolli-Olli stand mal wieder auf dem Schlauch des Verständnisses. »Nach Ungnade!?«

Die Erläuterung fiel knapp, aber informativ aus. »Ungnade, Postleitzahl 18510, ein Ortsteil von Papenhagen, liegt circa dreißig Kilometer westnordwestlich von Greifswald, ergo in

Mecklenburg-Vorpommern... ein Ort übrigens, der für jeden neuen Briefträger das Paradies sein muss.«

»Äh, wie?« Rolli-Ollis qualifizierte Bitte um weitere Information wurde umgehend erfüllt.

»Alle Straßen in Ungnade – die von der ›B194‹ hinein- und an anderer Stelle wieder hinausführen plus die innerhalb des Dorfes – heißen ›Dorfstraße‹. Da muss man sich nur noch merken, wo welche Hausnummer sich aufhält.«

»So, Leute, genug gequatscht... Fertigmachen zum Abflug!« Als seine drei Tramps ihre Räder quer zur Fahrtrichtung positioniert hatten, schritt der Oberst deren Phalanx ab, und checkte, ob auch alle Käse durch die darüber gedeckten Jacken der Tramps vor neugierigen Passantenblicken ausreichend geschützt waren. Er selbst vertraute auf das rote Fransentuch. Zufrieden nickend, trat er aber doch noch einmal kopfschüttelnd an den Klugscheißer heran. Seine Frage wurde so leise gestellt, dass nur der Adressat sie verstehen sollte. »Sag mal, kannst du auch das Telefonbuch auswendig?« So als wolle er gar keine Antwort, so unmittelbar darauf gab der Oberst seinen Befehl: »Aufsitzen!« Er schwang sich in seinen Sattel und gab wieder die Route vor. Sie starteten über die Bahnhofstraße Richtung Südosten, bogen nach links, verließen den Kreisverkehr an der zweiten Ausfahrt und folgten der Lenscheider Straße. An der Einmündung der Friedhofstraße überholten sie einen äußerst missmutig dahinschluffenden Zehnjährigen in Fußballkluft. Seine Stollen klackerten auf dem harten Untergrund, waren sie doch vom Erfinder für weiches Geläuf entwickelt worden.

Die erhobene Hand des Obersts befahl den unmittelbaren Stopp. Die Tramps zogen weisungsgemäß sofort die Bremsen; der Bremsweg ihrer schwer beladenen Fietsen war dennoch nicht gerade kurz. Weil er seine Augen konstant auf seine Fußspitzen gerichtet hielt, bekam er erst mit, dass vier Männer auf ihn warteten, er sogar an zwei von ihnen bereits vorbeigegangen war, als sich die Hand des Oberst von hinten auf die schmale Schulter seines schwarz abgesetzten weißen Trikots mit der Aufschrift ›SG Lenhausen / Rönkhausen‹ und der Rückennummer ›10‹ legte. Erschrocken blickte der Junge auf und in das süffisante Lächeln oberhalb eines für ihn komisch wirkenden Sakkos mit einem noch komischeren Stück Stoffs in der äußeren Brusttasche.

»Na, mein Junge...« Weiter kam von Dannen nicht.

»Ich bin nicht Ihr Junge!« Trotz prägte seine Mimik.

»Na, na, na, ich habe doch nur eine Frage. Okay? Aber..., du siehst traurig aus. Habt ihr verloren?«

»Nein, heute war nur Training.« Halb widerwillig, halb wegen seines Frusts stand der Juniorfußballer Rede und Antwort. »Aber meine Familie und ich ziehen hier weg und dann...«

»Das ist ja nicht so schön, mein... äh... Übrigens... Wir interessieren uns für Stollen. Weißt du...?«

»Ich weiß genau, welche Stollen Fußballschuhe für welchen Boden brauchen!«

»Hallo! Sie da!« Eine apart gekleidete Dame Anfang fünfzig hatte sich ihnen unbemerkt bis auf wenige Schritte genähert. Dabei schwang sie ihren halbvollen Kunstfaser-Einkaufsbeutel am abgewinkelten linken Arm in zunehmend rascheren Kreisen, wie die Steine einer Bola. Die Konservendosen, die den olivgrünen Stoff stark strapazierten, unterstrichen den willensstarken Gesichtsausdruck der Finnentroperin. Wann würde sie ihre Wurfwaffe auf die Reise schicken... wie ein Angehöriger der sibirischen Tschukschen oder ein südamerikanischer Rinderhirte?

Der Stockschirm in ihrer Rechten rotierte inzwischen mühelos zwischen ihren Fingern wie ein Propeller. »Ich sehe, dass Sie einen Mittelfeldspieler unserer E-Jugend bei sich haben.«

»Ja, unser Boss hier hat ihn etwas gefragt...« Rolli-Olli war an einvernehmlicher Konversation gelegen.

Ihr nicht sehr. »Dass Ihr Boss ihn einfach so auf der Straße abpasst, verwirrt mich.« Der Schirm rotierte schneller.

»Ja, aber...« Der lange Leo versuchte zu besänftigen.

»Ich brauche...« Mittlerweile ging das Rotieren des geblümten Regenschutzes in achtförmiges Schleudern über. »...die Gewissheit, dass dem jungen Mann kein Haar gekrümmt wird.« Ihr Mund formulierte einen Punkt am Ende der Aussage, ihre Augen zwei Ausrufungszeichen.

»Ich wünsche, dass Sie ihn ohne jedes weitere Wort seines Wegs ziehen lassen... Und du, mein Junge...«

Selbst sie wurde aus kindlichem Munde korrigiert. »Ich bin auch nicht Ihr Junge!«

Dem Klugscheißer fiel zum ersten Mal nichts ein, rein gar nichts, und der Oberst gab klein bei... nicht ohne einen bestimmten Hintergedanken. Er hatte seine Hand schon vor geraumer Zeit von der Trikotschulter entfernt, flüchtig beschämt, dass seine vom Umgang mit dem Käse nicht mehr sauberen Finger deutliche Spuren dort hinterlassen hatten. Er nickte dem Kickertalent nur noch leicht gezwungen freundlich zu und ließ ihn ziehen. Das machte, dass es fortkam.

Die Rotationen von Schirm und Einkaufsbeutel liefen aus und stoppten. Der Oberst war so fasziniert von den Fertigkeiten der Passantin, dass er sich nicht gewundert hätte, wenn am Ende – wie bei einem Flugzeugpropeller – sogar noch je eine Achteldrehung von Stockschirm und Einkaufsunterarm gegen die Laufrichtung stattgefunden hätte.

»Geht doch... Einen schönen Tag noch.« Sie wollte weiter, aber so unproblematisch ließ sich das denn doch nicht bewerkstelligen.

»Jetzt bin ich dran mit Ich-Botschaften.«

Die Tramps standen so eng um sie herum, dass sie spontan daran erinnert wurde, was ihr Mann – seines Zeichens Tischler – immer sagte, wenn's schwierig wurde: »Vier Mann, vier Ecken...« Nur dass sie eher durch Rundungen geprägt war, wie sie meinte.

»Ich habe den Eindruck, dass Sie sich auskennen...«

»Womit?«

»Ich bin an der Reihe! Also: ...sich auskennen mit Kampfkunst. Das macht mich schon etwas neidisch, und ich könnte da ein wenig Nachhilfe gebrauchen.«

»Danke«, entgegnete sie. »Solch ein Kompliment aus berufenem Munde, wie ich annehme...«

Er ließ sie nicht ausreden, wenngleich er sich mit »berufenem Munde« schon ziemlich treffend charakterisiert fühlte. »Ich möchte, dass Sie mir verraten, wer Sie in dieser Technik ausgebildet hat.«

»Diese Kampfkunst wird in unserer Familie in der mütterlichen Linie weitergegeben, seit an der Wende des 19. Jahrhundert zum 20. Jahrhundert meine Ur-Urgroßmutter in London die Schule von Herrn Edward William Barton-Wright besucht hat. Er entwickelte ›Jiu Jitsu‹ weiter und ersetzte die erste Hälfte der Bezeichnung durch die ersten vier Buchstaben seines Nachnamens. Und in jeder Generation ist die Technik des Bartitsu immer etwas weiter verfeinert worden.«

»Wenn ich etwas sagen dürfte, Boss...« Ehe sein Chef abheben würde, mischte sich der Klugscheißer lieber ein. »Wir..., äh, Sie suchen doch etwas, richtig?« Hoffentlich wurde der jetzt nicht knatschig!

»Ja, stimmt!« Noch einmal wandte er sich an die Sauerländerin. »Vielleicht wären Sie so nett, uns zu helfen. Wir sind auf der Suche nach einem Stollen.«

»Vorbestellungen für Christstollen nimmt hier im Ort noch keine Bäckerei entgegen. Es ist doch erst September! Ich darf dann mal...« Sie drängte sich zwischen den beiden anderen Tramps hindurch und ging ihrer Wege.

Die vier Lastenrad-Lenker waren zu perplex, als dass jemand auf den Gedanken gekommen wäre, sie aufzuhalten, zumal auf der in ihrer Fahrtrichtung linken Straßenseite ein fröhlich wirkender, Knifte-kauender Herr mit lederner

Aktentasche aus der Richtung heranschlenderte, aus der sie gekommen waren.

»Los, den kaufen wir uns!« Oberst von Dannen ergriff wieder die Initiative. »Irgendwer in dieser Gegend muss doch in der Schule in Heimatkunde aufgepasst haben, Mensch... Ihr bleibt hier und passt auf die Räder auf.« Er wollte seine Daumen gewohnheitsmäßig in das rote Fransentuch einklinken, als er feststellte, dass dieses momentan einer wichtigeren Aufgabe nachhing. So blickte er dem Mann nur erwartungsvoll entgegen. Der vergrub seine Zähne wieder herzhaft in sein Bütterken, wobei er achtgab, nicht noch in das Butterbrotpapier zu beißen, das offensichtlich seine Finger vor Streich- und / oder Wurstfett schützen sollte.

»Mahlzeit!« Der Oberst gab sich jovial.

Die Erwiderung fiel recht undeutlich aus.

»Feierabend oder auf dem Weg zur Arbeit?«

»Weder noch«, lautete die schon verständlichere Äußerung.

»Wie jetzt?« Der Fragesteller wunderte sich selbst über so viel Interesse an einem anderen Menschen.

»Na, ich bin in einem pädagogischen Dienstleistungsbetrieb für Sechs- bis Zehnjährige tätig.« Der Daumen seiner freien Hand wies über die Schulter in die Richtung, aus der er gekommen war. »Und heute Nachmittag geht es an den Schreibtisch.«

»Darf ich fragen, welche Fächer Sie unterrichten?«

»Dürfen Sie.« Er blickte dem Fragesteller unverwandt ins Gesicht.

»Dann: Welche Fächer unterrichten Sie, wenn ich fragen darf?«

»Die Erlaubnis habe ich Ihnen doch schon gegeben. Meine Fächer sind Deutsch, Musik und Heimatkun...« Weiter kam der Lehrer nicht.

»Echt jetzt...? Heimatkunde!« Da war doch mal ein Wunsch in Erfüllung gegangen.

»Was ist daran so besonders?« Er hatte seine Tasche zwischen die Knie geklemmt und wickelte den Rest seines Lunchs zurück in die Verpackung.

»Besonderes vielleicht nicht, aber Sie können uns gewiss weiterhelfen, denn wir sind auf der Suche nach einem Stollen.«

Der Brotzeitrest gesellte sich zu einem Stapel kleinformatiger, rotrückiger Heyda-Hefte in die Schulmappe. »Da Sie – wie ich schlussfolgere – sich eher für meine Sachkenntnis im Geografischen als im Musischen interessieren, nehme ich an, Sie denken da nicht an Meistersang, bei dem die ersten zwei Strophen ja obendrein ›Stollen‹ genannt werden, oder?«

»Sie sind ein kluger Kopf.« Das Wort »Schnellmerker« verkniff er sich, weil er ja noch eine Information von dem Mann benötigte. Er brauchte aber nicht nachzuhaken.

»Sie folgen ganz einfach hier der ›L687‹. Die heißt zunächst ›Lenscheider Straße‹, nach der Spitzkehre ›Hohes Lenscheid‹ und im weiteren Verlauf zunächst ›Hagener Straße‹, anschließend ›Allendorfer Straße‹. Haben Sie erst einmal Hagen passiert und Allendorf hinter sich gelassen, müssen Sie sich an der Einmündung in die ›L686‹ links halten.« Sein Blick ging rechts am Adressaten vorbei ins Leere, so als folge er der Beschriftung einer Straßenkarte bei Google Maps. »Von der ›Amecker Straße biegen Sie in Amecke rechts in die ›Illingheimer Straße‹ ab. Sie folgen der ›K5‹ bis Sie zu einem Abzweig kommen, der so breit ist, dass man ihn nicht verpassen kann. Hier müssen Sie links abbiegen, und der ›Settmeckestraße‹ folgen Sie. Sie beschreibt eine langgezogene Rechtskurve, und wenn Sie, ich glaube, den vierten Abzweig in Richtung Westen, also nach links nehmen, kommen Sie an den Settmecke-Stollen.«

»Und wenn wir den Abzweig verpassen sollten?« Der Oberst wirkte längst nicht mehr so selbstsicher wie noch wenige Minuten zuvor.

»Landen Sie nach einer Weile am Silbersee. Da können Sie ja dann auf Schatzsuche gehen!« Der Grundschullehrer hätte sich, wie es schien, am liebsten auf beide Oberschenkel gleichzeitig geklopft, so begeistert war er von seinem Scherz. Er hatte jedoch nur eine Hand frei, und sein naturledernes Lehrerutensil dem Bürgersteig anzuvertrauen, widerstrebte ihm, war es doch aus nordholländischem Lammleder.

Der Tramps-Chef hakte nach. »Geht's vielleicht etwas weniger kompliziert?«

Der Pädagoge holte tief Luft. »Schon..., wenn Sie so viel Zeit haben, dass...«

»Zeit haben wir keine zu verlieren.« Er hatte leidliche Mühe, nicht unleidlich zu werden, mehr noch, diese zu verbergen.

»Ich wollte ja auch nur anmerken, dass die Alternativroute geschätzt mindestens achtzig Minuten in Anspruch nimmt, während die von mir vorgeschlagene Strecke in etwas mehr als einer Stunde zu bewältigen ist, wenn man Pedale und Waden etwas strapaziert. Geben Sie mir drei Minuten, und ich schreibe Ihnen die Einzelheiten schnell auf, okay?« Er bückte sich, ohne eine Antwort abzuwarten, öffnete die Aktentasche erneut, entnahm ihr seinen roten Lehrerkalender, riss – sichtbar widerwillig – eine Seite heraus und benutzte tatsächlich einen ebenfalls roten Fineliner, um das Versprochene zu Papier zu bringen, derweil seine Knie dieselbe Aufgabe erfüllten wie während des Rückverpackens seines Brotrestes.

Oberst zu Unterst von Dannen versuchte, seine stärker werdende Nervosität zu zügeln. Sein Blick wanderte auf die rechte Straßenseite hinüber, wo die drei übrigen Tramps angeregt miteinander beschäftigt waren. Was taten die da? Nein...! Die spielten tatsächlich Skat: Just rupfte der lange Leo eine Karte aus seinem aufgefächerten Blatt und hielt sie Rolli-Olli zu seiner Linken offen hin. Der legte eine Spielkarte aus seiner Hand darauf; sie hatten ja keinen Tisch... Friedlieb von Dannen fühlte sich an seine Schulzeit erinnert, als sie in jeder großen Pause eine Partie gedroschen hatten. Ein gewonnener Stich wanderte in die eine Jeans-Gesäßtasche, und unterbrach der Schul-Gong ihr Tun, indem er das Pausenende verkündete, steckte man schleunigst das angefangene Blatt in die andere Gesäßtasche, um in der zweiten großen Pause den Grand mit Dreien oder den Null Ouvert Hand zu Ende zu spielen.

»Hier, das sollte Sie an Ihr Ziel bringen... Wenn ich auch keinen blassen Schimmer habe, was Sie am oder im Settmecke-Stollen vorhaben.« Das zwischen dem ausgestreckten Zeige- und Mittelfinger der rechten Pädagogenhand dargereichte zusammengefaltete Stückchen beschrifteten Papiers wechselte den Besitzer. Der Rotstift durfte zurück ins Faulenzermäppchen.

»Das soll haarscharf so bleiben... Haben Sie trotzdem vielen Dank.« Ohne weitere Zeit zu verlieren, überquerte der so Informierte die ›L687‹, unterbrach das Tun seiner Mannen und gab wieder einmal den Befehl zum Aufsitzen.

Cabrio

»Kommst du?« Ein Hauch Ungeduld schwang mit in der Frage, die sie ihm aus dem Auto heraus ins Kassenhäuschen sandte.

Er hatte stets mindestens zwei Wechselpolos in der Hinterhand, falls mal Menschen Eis übrig haben sollten und ihn bekleckern würden... Oder Möwen, wie die im vorletzten Urlaub auf der Friedrichstraße in Westerland, die ihm ein Hörnchen aus der Hand gestohlen hatte – im Flug... also sie war geflogen... – und ihm dabei aus lauter Dankbarkeit auf den Unterarm geka... gekleckert hatte.

»Bin gleich so weit!« Ein flüchtiger Blick noch in den Spiegel; der Walross-Schnäuzer bedurfte nur einer minimalen Korrektur. Es konnte losgehen. Besser gesagt... Sie konnte losfahren, denn Martha hatte ihm dankenswerterweise angeboten, mit ihm nach Attendorn zu fahren und die dortige Höhle zu inspizieren. Aber wieso konnte er hier bei geschlossener Tür ihre Stimme so klar, ja glasklar...? Er griff nach dem abfahrbereiten Trolley, öffnete besagte Maueröffnung und trat hinaus ins Sonnenlicht.

Da war sie, es Martha... Jetzt hatte er eine Vorstellung davon, warum ihre Stimme keine Hindernisse außer der Kassenhäuschentür hatte überwinden müssen. Es fuhr Cabrio... und was für eins! ›C70‹ hatte die schwedische Autofirma diese metallic-blaue Karosse mit den hellbeigen Ledersitzen und dem edelhölzernen Armaturenbrett getauft. Das Lenkrad war aus demselben Holze geschnitzt.

»Da bist du ja! Dann kann's losgehen.« Gemeinsam verluden sie seine Habseligkeiten.

Er staunte immer noch, während er die Tür zuschlug, sich anschnallte und entspannt zurücklehnte.

»Hey, nicht so heftig! Ist doch kein Lkw... Bist du eigentlich ein waschechter Franzose, Sèrecule?« Sie konnte sich einen flüchtigen Seitenblick nicht verkneifen. Doch sie erfuhr keine Reaktion. War ihr neuer Begleiter eingeschlafen? »Sèrecule?«

»Ja, bitte...«

»Ich hatte gefragt, ob du so ein richtiger Franzose bist.«

»Was soll das sein, Martha? Jemand mit Baskenmütze auf dem Kopf, einem Baguette in der linken und einem Glas Rotwein in der rechten Hand?«

Sie musste lachen. »Ich weiß auch nicht, was ich genau gemeint habe... Ein Franzose eben.«

Weiter kam sie nicht, weil sie sich auf den Gegenverkehr konzentrieren musste, um an dem recht geschwindigkeitsreduziert reisenden Dixi-Klo-Fahrzeug vorbeizukommen. Acheseau musste unwillkürlich an Schorsch denken. Ob der wohl gleichfalls mal ein solches Gefährt gelenkt hatte? Bei der Unmenge an seltenen Jobs, auf die der zurückblicken konnte... Martha gab Gas und scherte wieder ein.

Schweigend rollten sie eine Weile dahin, bis Martha plötzlich aufmerkte.

»Hörst du das auch?«

»Was denn?«

»Horch doch mal...«

Jetzt vernahm Acheseau es genauso: Die Flötenmelodie vom frühen Nachmittag füllte die frühherbstliche Sauerlandluft. »Das Leben ist kein Wunschkonzert, aber manchmal spielt es dein Lieblingslied«, dachte er im Stillen.

»Sie spielen unser Lied, Martha!« Sanft legte er seine Hand auf die ihre, die auf dem Schaltknüppel ruhte, rutschte freilich unerwarteter Weise unmittelbar wieder ab, als sie jählings herunterschaltete, um für das Ausweichmanöver intensiver beschleunigen zu können. »Was ist das für ein Unternehmen, das da parkt?« Der Detektiv war leicht desorientiert, daher versuchte er, durch Senken des Kopfes im rechten Außenspiegel etwas zu erkennen. »Da lag allerlei Gerümpel auf der Ladefläche, das von so einem grünen Netz gegen Herabfallen während der Fahrt gesichert war.«

»Da wo ich aufgewachsen bin, schimpften wir so einen Mann ›Klüngelskerl‹. Als Kind habe ich mir oftmals ein paar Groschen Taschengeld verdient, wenn ich von meinem Onkel etwas für den Altmetallsammler bekam und es zu dessen Wagen schleppte. Heutzutage muss man froh sein, wenn man seinen Schrott überhaupt loswird. Geld gibt's schon lange keins mehr.«

»Ist es noch weit bis zu dieser Höhle?«

»Nein...,« Sie legte den rechten Handballen auf das Lenkrad, um durch elegantes Drehen desselben die Kurve enger nehmen zu können. »...da wären wir.«

»Wenn nicht... was?«

»Das sagen wir im Deutschen so. Also, da sind wir.« Sie hatte eingeparkt und zog die Handbremse an. »Ich warte hier, wenn es dir recht ist. So kannst du in Ruhe deine Nachforschungen anstellen, und ich kann mich etwas ausruhen.«

»Musst du nicht weiter?«

»Ich habe noch genügend Zeit, bis ich in Amecke sein will. Und wer weiß... Vielleicht findest du ja etwas heraus, was dich denselben Weg nehmen lässt. Dann könnte ich dich noch ein Stück weiter mitnehmen.« Sie warf ihm eine Kusshand zu.

Bevor sich noch mehr Oxytocin auf den Weg durch seine Adern begeben konnte, erwiderte Sèrecule Acheseau galant ihren Gruß mit einem Luftkuss, den sie geschickt auffing und an ihre Lippen drückte. Ihre Augenlider senkten sich, und er machte sich auf den Weg.

Markante Erkennungszeichen

Es war ihr freier Tag. Blendend gelaunt stiegen die beiden Männer aus ihrem dunkelgrünen Smart. Während der Fahrer die Tür abschloss, sich genüsslich reckte und sich einige Plätzchenkrümel von den Hosenbeinen klopfte, hatte sein Beifahrer bereits den Kofferraum geöffnet und war bemüht, einen runden Blechbehälter mit beidseitig eingehaktem Henkel unfallfrei über die 84 Zentimeter hohe Ladekante des Zweisitzers herauszuhieven. Die zweite Hand langte nach einem Jutebeutel, dessen Inhalt dadurch sachte metallisch klimperte.

»Hoffentlich hat der Herbst noch ein paar warme Tage in petto.« Der Fahrer hatte das Wagenheck erreicht.

»Haargenau, hoffen wir auf einen goldenen Oktober.«

»Du, es ist erst Anfang September. Dessen laue Lüftchen sollten wir fest einkalkulieren.«

»Im Frühjahr müssen wir sowieso kontrollieren, ob noch alles lesbar ist. Es ist doch jedes Jahr dasselbe.«

Sie lachten, griffen nach ihren Sporttaschen, der Fahrer klappte das Heck zu, und sein Kompagnon und er machten sich auf die Socken. Sie verließen den ›Parkplatz 1‹, überquerten die ›Seestraße‹ und wandten sich nach rechts. Wie immer, wenn sie hier waren, genossen sie den spätnachmittägigen Blick über den praktisch spiegelglatten Sorpesee vom ›Amecker Damm‹ aus. Elegant beschrieb ein rotes Motorboot der DLRG eine weite Linkskurve, wodurch die Ausläufer der Bugwelle, die man mühelos verfolgen konnte, nicht gleichzeitig an den beiden Ufern ankamen.

Die zwei Männer in den besten Jahren interessierten sich jedoch nur kurzzeitig für derartig physikalische Betrachtungen, denn sie hatten den Randweg erreicht.

Intensiv kontrollierende Blicke, gepaart mit mehreren Kopfwendungen... Ja, sie waren allein. Sie konnten den Weg verlassen und sich mit Ruhe auf die Suche nach den Bäumen machen, um die es ihnen regelmäßig ging. Die erste Buche dieser Kategorie war erreicht, und gleich die hatte es nötig. Der ältere der Wanderer hielt das Naturfaserbehältnis an den Tragegriffen auseinander, der jüngere entnahm ihm einen breiten Schlitzschraubenzieher und machte sich daran, den Blechbehälter zu öffnen, indem er die flache Spitze des Hilfsmittels unter den Rand des Deckels drückte. Ein Ploppen quittierte den Erfolg seiner Bemühungen und schuf die Voraussetzung dafür, dass der zähflüssige weiße Inhalt, der sich abgesetzt hatte, aufgerührt werden konnte.

Derweil hatte sein Begleiter den Spachtel, den er dem Beutel vorsorglich entnommen hatte, um eventuell lose Rindenteile zu entfernen, zurückbefördert und gegen einen runden Pinsel eingetauscht, den er mit der Spitze in die Büchse eintauchte, überschüssige Farbe durch Drehen des borstigen Werkzeugs am Dosenrand abstrich und sich seiner Aufgabe zuwandte. Sorgfältig zog er die neun kurzen, aber unterschiedlich langen weißen Linien nach, aus denen die drei Buchstaben der Markierung zusammengesetzt waren, trat abschließend einen Schritt zurück, um sein Werk zu begutachten.

»Da! An der ersten Senkrechten läuft eine Farbnase herunter.« Der rechte Zeigefinger des Kollegen wies auf die Problemzone.

Diese sachliche Kritik konnte den Maler nicht aus der Ruhe bringen. Mit einer weiteren, dieses Mal zielgerichteten Drehung des Farbauftraggeräts nahm er das überschüssige Markierungsmaterial vom Stamm ab und tupfte damit eine andere Stelle an der letzten Linie nach, für die die aufgenommene Farbe sonst nicht ganz gereicht hätte. Er lächelte zufrieden.

Sie wanderten weiter. Ihre Prozedur wiederholten sie an jedem betroffenen Baum. Entweder war die Markierung noch deutlich lesbar, oder sie wurde restauriert. Endlich war es geschafft; die Utensilien konnten zusammengepackt werden.

Noch war die Sonne warm, und sie hatten Zeit mitgebracht. Der letzte markierte Laubbaum wies ihnen den Weg. Sie hätten ihn aber auch ohne den Hinweis gefunden, so oft wie sie sie schon hier waren.

»Auf ›Rothäute‹, wie du sie nicht selten nennst, werden wir heute kaum treffen, denn diese Extrem-Sonnenanbeter sind um diese Uhrzeit schon auf dem Heimweg.« Der Smart-Fahrer war sich sicher.

Geschützt durch schulterhohes Gebüsch, taten sie, was sie hier immerzu zelebrierten. Nur einmal hatten sie Shinrin-Yoku ausprobiert, aber Waldbaden – dieser Modetrend aus Japan – reichte ihnen nicht. Sie brauchten keine..., naja fast der Entspannung zuträgliche Kleidung; sie brauchten gar gar keine... na, ja fast. Und die Markierungen an den Bäumen wiesen Sonnenanbetern wie ihnen den Weg: ›FKK‹.

Folglich folgten sie ihrer brüderlichen Tradition, holten die Strandlaken aus den Sporttaschen und entledigten sich Stück für Stück – bis auf eines – ihrer Kleidung, und zwar in festgelegter Reihenfolge. Es war gar nicht so einfach, das weiße Oberhemd vor allem Weiteren auszuziehen. Und wer sich zuerst des vorletzten Stücks Stoff entledigte und in den See lief, durfte sich auf für ihn kostenlose Getränke am gemeinsamen Abend in ihrer Stammkneipe freuen.

Heute war es der um zwölf Minuten jüngere der Männer, der mit nur geringem Vorsprung fast splitterfasernackt ins flache Wasser rannte... Kahle Brust und Fliege. Sein zitronengelber Querbinder war genauso waschbar wie der weinrote seines Zwillingsbruders.

Der Höhlenforscher

Monsieur Acheseau überquerte die Straße an der Fußgängerampel und stieg, so schnell er konnte, die Anhöhe hinauf. Den gepflegten Teich zu seiner Linken übersah er; er hatte den Kopf voller Ermittlergedanken. Die Kasse hatte lange geschlossen. Im Lokal liefen die letzten Aufräumarbeiten bzw. Vorbereitungen für den Touristenansturm des Folgetags. Wer würde ihm hier weiterhelfen können?

Als er gedankenversunken den Windungen der Besucherschlangen-Seilabsperrung gefolgt war – warum auch immer – und vor dem Höhleneingang stand, fiel ihm die nur angelehnte Tür auf. Musste da drinnen ebenfalls noch aufgeräumt oder etwas vorbereitet werden? Oder legten hier Käseexperten noch eine Spätschicht ein?

Peu à peu zog er die Tür auf. Kühl-feuchte Luft schlug ihm entgegen, noch ehe sich seine Füße einige Schritte die Schräge hinabtasteten. Dass speziell der Boden feucht war, fiel ihm im selben Atemzug auf, da die Tür lautstark hinter ihm zuknallte. Er zuckte mit keiner Wimper; er wusste, dass er »schussfest« war, wie ein befreundeter Jäger ihn vor langer Zeit aufgeklärt hatte. So bemerkte er unmittelbar nach Abklingen des von ihm veranstalteten Lärms Geräusche... wie in weiter Ferne. Noch vermochte er nicht, diese genauer zu identifizieren. Vorsichtig pirschte er sich weiter vor. War er unter Umständen ganz nah an einem Ort, an dem ein grauenhaftes Verbrechen geschehen war? Ein kaltblütiger Mord womöglich...

Er war ja niemand, dem es um wissenschaftliche Nachforschungen ging. Er wusste, dass die Polizei Blutspuren selbst dann nachweisen konnte, wenn sich der Verursacher erhebliche Mühe bei deren Beseitigung gegeben hatte. Man musste nur die verdächtige Fläche mit Lumineux einsprühen und das Schwarzlicht einschalten...

Was an seine Ohren drang wurde identifizierbarer. Ein gequältes Stöhnen wechselte sich ab mit einem Hecheln, gepaart mit gedämpft schweren, schleppenden Schritten. Untermalt wurde das Ganze vom gleichmäßig ruhigen Surren eines Elektromotors.

Sèrecule Acheseau bemerkte erst jetzt eine Tür auf der rechten Seite des Ganges. Sie war ebenso nur angelehnt. Dass – wie er vermutet hatte – hier noch gearbeitet wurde, passte zu dem, was er nach dem lautlosen Öffnen der Tür zu sehen bekam... Ein blau-grünes Förderband war zwar in Betrieb, beförderte aber rein gar nichts nach oben. Dass hier ein E-Motor seinen Dienst tat, war nicht so schwer nachzuvollziehen.

Vorsichtigen Schrittes tastete er sich die Gehwegplatten entlang, die nach nur drei Metern in eine Treppe übergingen. Ein Geländer gab es nicht, so tastete er sich mit der linken Hand die Höhlenwand entlang und folgte deren Linksbiegung. Die Schritte und die Atemgeräusche wurden immer vernehmlicher, der Verursacher konnte nicht mehr weit entfernt sein. Noch zwei Stufen...

Acheseau sprang den Rest der Treppe mit einem großen Satz hinab. Einen möglichen Sturz nahm er billigend in Kauf. Wichtiger war ihm die Rettung eines Menschen... des Menschen, der – auf dem Förderband laufend – kaum länger Kraft für weitere Schritte hatte.

Schnell hatte der Franzose den Not-Ausschalter gefunden und betätigt. Völlig außer Atem wäre das Opfer der Jogging-Tortour gerne zu Boden, respektive auf das Fließband gesunken, weil seine Knie ihm den Dienst versagten. Doch sein linkes Handgelenk war an zwei der schwarzen Stromleitungen befestigt, die diese Grotte mit Strom versahen. Behände kletterte der Ermittler auf das Förderband, stützte den Mann, indem er ihm den rechten Arm unter der Achsel hindurchschob und mithilfe des vorher schon vorsorglich aus der Hosentasche gezückten und aufgeklappten Taschenmessers die beiden Kabelbinder durchtrennte. Die Knie des so Befreiten gaben nach, und Acheseau hieß ihn sich hinsetzen und tat es ihm nach. Beider Unterschenkel baumelten über der Treppe, und bis nach einigen Momenten des Schweigens und Luftholens eine Befragung durchführbar war, inspizierte Acheseau die durchgeschnittenen schmalen Kunststoffstreifen. Es waren die gleichen Riffelbänder, die schon Yrmendrudis von Rüggens Bewegungsfreiheit stark eingeschränkt hatten und die seine sowie Marthas. Für einen Augenblick schweiften seine Gedanken ab und wandten sich der im Cabrio sich geduldenden Frau zu.

»Danke! Ich danke Ihnen sehr.« Die Worte des Mannes neben ihn holten ihn umgehend in die Höhle zurück.

»Gern geschehen. Ich darf mich vorstellen... Ich heiße Sèrecule Acheseau und ermittle in einigen Raubdelikten, die hier in der Gegend verübt worden sind.«

»So haben Sie jetzt einen Raub mehr aufzuklären.«

»Erläutern Sie das bitte näher, Monsieur...?«

»Ich heiße Tigges Robert und bin hier in der Attahöhle als Tourist Guide beschäftigt.«

»Dazu müssen Sie sich aber exzellent hier unten auskennen, oder?«

»Ja, vor allem weiter unten in der eigentlichen Höhle, die für Touristen erschlossen wurde. Da kenne ich jeden Stalaktiten und jeden Stalagmiten mit Vornamen, besonders wenn sie im Laufe der Zeit zu Säulen zusammenfinden.«

»Ja, ja, und dann Doppelnamen tragen...« Acheseau bewunderte seine eigene Logik und lächelte. »Jetzt schildern Sie bitte ausführlich, was Ihnen widerfahren ist.«

»Eben als ich Feierabend machen und abschließen wollte und mich auf einen ruhigen Abend mit einem Spaziergang im Bremgetal freute, drangen vier Männer hier ein und zwangen mich beim Verladen all dessen, was hier in den Regalen lagerte, mit anzupacken.«

»Haben Sie sich nicht gewehrt?«

»Ich hätte schon gemocht, aber gegen vier...?«

»Wie sahen die Männer aus? Haben Sie irgendwelche erwähnenswerten Merkmale feststellen und sich merken können?«

»Der Anführer trug ein Breitcordsakko mit einem Strunztuch in der Tasche und einem halben Dutzend Orden auf der Brust. Um die Hüfte geschlungen, trug er ein rotes Fransentuch.«

»Das ist der Verbrecher, der schon so einiges auf dem Kerbholz hat und den ich suche und zu stellen beabsichtige.«

»Da seien Sie bloß auf der Hut...«

»Auf dem Hut?«

»Nein, vorsichtig!«

»Wie wurde der Schatz abtransportiert?«

»Die hatten so Lastenfahrräder dabei... Kennen Sie die? Darin fahren heutzutage viele Väter ihre Kinder zur Kita, je nach Wohnort vorzugsweise entgegen der normalen Fahrtrichtung durch die Einbahnstraße...«

»Und wer von der Bande hatte den Geistesblitz, Sie auf das Förderband zu hieven und mit dem Handgelenk an der Wand zu befestigen?«

»Das war der Typ, den sie ›Klugscheißer‹ nannten. Und alles bloß, weil ich gefragt habe, ob ich nach dem Verladen nicht Feierabend machen könne, und in einem Nebensatz angemerkt habe, dass ich meine zehntausend Schritte für heute noch nicht abgeleistet hätte.«

Settmecke

Der Bereich am Eingang zum Settmecke-Stollen war mit einem Zaun abgesperrt. Oberhalb des Stolleneingangsbauwerks jedoch hatte man es nicht für notwendig erachtet, den Hanggraben zu sichern. So war die steile Böschung frei zugänglich. Dank der detaillierten Beschreibung der Route war der Ort ohne Schwierigkeiten zu finden gewesen. Und irgendwie hatten die Tramps ihre voll beladenen Bakfietsen bis hinunter zum Stolleneingang manövriert.

»Nur gut, Chef, dass du darauf bestanden hast, dir die besseren Lastenräder ›auszuleihen‹.« Leo grinste hinterhältig, als er die das Wort ironisch einrahmenden Anführungszeichen mit sich krümmenden Zeige- und Mittelfingern in die Luft malte.

Der Klugscheißer drückte seinem langen Kollegen das Kinn mit dem rechten Zeigefinger vehement nach oben und belehrte ihn dahingehend, dass der Oberst stets wisse, was für alle das Beste sei, nicht ohne nachzufragen, ob er das nun endgültig verstanden habe.

Leo brummte eine Bejahung der Frage, da ihm ein Kopfnicken wegen Überstreckung seiner Kehle verwehrt war.

»Und merk dir ein für allemal... Wie man es auch dreht und wendet: Ein teuer Reittier reuet nie!«

Rolli-Olli dagegen interessierte eher das weitere Prozedere, wenngleich er dieses Wort noch nie gehört hatte. »Was wollen wir eigentlich in diesem komischen Stollen?«

Oberst von Dannen hatte, wie es schien, seinen Prozess der inneren Einkehr abgeschlossen, so dass er seinem Untergebenen Rede und Antwort stehen konnte und sogar dazu bereit war.

»Wir werden, werter Olli, uns absetzen. Aber um uns absetzen zu können, müssen wir diese Bakfietsen zurückbringen. Und gegen unsere Mountainbikes zurücktauschen. Immerhin werden wir unsere Kaution zurückbekommen, auch wenn wir selbstredend unsere Leihgebühr werden abdrücken müssen.«

»Widerspricht das nicht im höchsten Maße unseren Tramps-Prinzipien?« Leo war wieder der alte.

Oberst Friedlieb zu Unterst von Dannen bemühte sich um Glättung der emotionalen Wogen. »Wir werden unseren Schatz hier im Stollen zwischenlagern und später abholen, um ihn über Arnsberg und Werl Richtung Bielefeld einer Endverwertung zuzuführen.« Er zupfte das Strunztuch aus der Jacket-Außentasche und tupfte sich vereinzelte Schweißperlen von der aristokratischen Stirn.

»Ich würde mich ja überhaupt nicht wundern, wenn dieser Detektiv, dieser Sèrecule Acheseau, mittlerweile unsere Spur aufgenommen hätte.« Rolli-Olli hatte einen Lichtblick.

»Der soll ja – wie man hört – schon den Tod auf der Ruhr aufgeklärt haben.« Leo ging mit ihm d'accord.

»Wenn das mal nicht nur ein Gerücht ist...« Der Klugscheißer mochte sich nicht einreihen in die Phalanx der Bewunderer des mutmaßlichen Gegenspielers.

»Das glaube ich allerdings auch.« Der Oberst setzte den Mutmaßungen ein Ende. »Solange wir keinerlei Anhaltspunkte haben, dass...«

Relativ kerniges Motorengeräusch unterbrach seinen Einwand, verursacht von einer ganzen Reihe schwerer Fahrzeuge.

Das Schiffchen

Ein sehr nachdenklicher Sèrecule Acheseau schlenderte den Weg von der Attahöhle Richtung Parkplatz. Es Martha war bestimmt schon ungeduldig geworden, so lange wie er für seine Ermittlungen gebraucht hatte. Und? Konnte er zufrieden sein? Keineswegs! Er hatte zwar diesen Höhlenmenschen vor zuviel Sport bewahrt, aber mit seinen eigenen Projekten war er doch keinen Deut vorangekommen.

Schorsch konnte mit ihm nicht zufrieden sein...

Yrmendrudis konnte mit ihm nicht zufrieden sein...

Schlimmer noch: Martha konnte mit ihm nicht zufrieden sein...

Sein Blick fiel – warum immer – auf einen Abfallbehälter. Doch... Es war der Wiedererkennungswert, der seine Schritte zu diesem Müllbehälter lenkte. Oben auf dem zu zwei Dritteln mit allerlei Restmüll gefüllten Drahtgeflecht durchsetzt von einer Ansammlung von 8-, 15,- oder 25 Cent-Fundstücken aus braunem Glas, PET oder Weißblech thronte ein Papierschiffchen wie einstmals die Arche Noah auf dem Berg Ararat.

Der himmelblaue Bug, der in seine Richtung wies, trug einen Schriftzug wie einen Namen, was den Franzosen dazu bewog, nach nur vier schnellen Schritten das Opus Delicti sicherzustellen. »DER SCHATZ«, stand dort in weiß umrandeten roten Großbuchstaben. Wieder elektrisierte es ihn förmlich. Und als er das Kleinstkunstwerk minimal im Uhrzeigersinn drehte, offenbarten sich ihm die beiden Wörter, die ihm das Plakat am Eingang der Naturbühne – durch die Überklebung verursacht – verschwiegen hatte: »...IM SILBERSEE«. Na, das war doch endlich ein Hinweis, dem man nachgehen konnte...

Blitzartig rechnete Acheseau. Auf seine mathematischen Fertigkeiten war Verlass. Ausgehend von der Kiellänge, ermittelte er im Kopf das Papierformat des Ausgangsprodukts: DIN A5. Folglich handelte es sich um ein Werbeblatt der Naturbühne. Es blieb nur die Frage zu klären, warum jemand auf die Idee gekommen war, aus einem Flyer keinen Flieger zu falten. Sorgfältig schob er Bug- und Heckspitze des zellulosenen Wasserfahrzeugs aufeinander zu und verstaute das so entstandene Papierquadrat in seiner Brieftasche. Wer konnte schon sagen, wozu man dieses Indiz noch würde gebrauchen können? Vielleicht Martha?

Der Gedanke an sie veranlasste ihn, seinen Gang zu beschleunigen. Bergab war das kein schwieriges Unterfangen. Am Fußgängerüberweg wartete er eine gefühlte Ewigkeit, bis die Ampel ihm das Queren der Straße, an der der Parkplatz lag, gestattete. Er beschleunigte ein weiteres Mal. Es Martha würde sicher ihr Cabrio ungeduldig lauernd umkreisen, bereit, ihm Vorwürfe zu machen. Andererseits hatte er nur seinen Job gemacht. Und er konnte etwas vorweisen!

Doch wo war sie? Als er näher an das Heck des Autos heran kam, bot sich ihm ein Bild des Friedens. Sie hatte die Fahrer:innensitz-Rückenlehne heruntergekurbelt und es sich so behaglich gemacht, dass sie nun – unwissend allerdings – einen völlig entspannten Anblick ihr Eigen nannte. Und nun? Sollte er sein Dornröschen wachküssen? Wo platzierte man einen solchen Kuss tunlichst? Ihr Kopf offerierte keine von ihr präferierten Partien...

Er entschied sich für ein »Ja, wachküssen.« und auf die Frage »Wo?« für ihre Nasenspitze. Sie war kühl, richtiggehend kalt. Wieder wurde er an seinen Jägerfreund erinnert. »Ist die Nase kalt und feucht, ist der Hund gesund.« Nun ja, feucht hatte die Nase sich an seinen Lippen nicht angefühlt...

»Da bist du ja wieder...« Sie reckte sich, räkelnd. »Waren deine Nachforschungen von Erfolg gekrönt?«

»Wie man's nimmt. Ich glaube mittlerweile zu wissen, wo das Ziel meiner Nachforschungen liegt.«

»Folglich bist du doch ein gutes Stück vorangekommen! Wo musst du denn hin?«

»Die Spur führt zum Silbersee.« Er nieste dreimal zur Unterstreichung seiner Schlussfolgerung.

Martha wurde nachdenklich. »Ich weiß, wo der ist...« Ein kurzer Blick auf ihre Armbanduhr reichte ihr völlig. »Wir haben Viertel nach sechs. Ich müsste in spätestens einer Stunde in Amecke an der Anlegestelle der ›MS Sorpesee‹ sein, deshalb wird mir das zeitlich zu eng. Ich kann dich nicht noch vorher dort hinbringen. Da um kurz nach acht eh die Sonne untergeht, wäre es sowieso zweifelhaft, ob man am Silbersee heute überhaupt noch etwas ausrichten könnte.«

Seine Enttäuschung hatte – nach einem Blick auf die Gott sei Dank doch noch vorhandene Lieblingsuhr – ihre Auswirkungen auf die Mundwinkel des Franzosen. Sie wetteiferten mit dem Walross-Schnäuzer darum, wer tiefer herunterhängen konnte. Ihre linke Hand legte sich besänftigend auf seine linke Hand, die weiterhin Halt an dem in sein Schloss eingerasteten Lenkrad fand... nur einfach aus einem anderen Grund als zuvor.

»Du hast jetzt zwei Möglichkeiten.« Mein Gott, dieses Lächeln... Konnte er diesen Lippen böse sein? »Komm mal näher!« Ein sich abwechselnd abknickender und wieder ausstreckender rechter Zeigefinger untermalte ihre Einladung. Wie in Trance beugte er sich zu ihr herunter. Der Halt, den seine Hand auf dem Lenkrad gefunden hatte, revidierte seinen Zweck. Wie Magnete, deren Pole es unausweichlich zum entsprechenden des Gegenübers hinzieht, bewegten sich ihre Münder aufeinander zu. Das metallisch-klackende Geräusch, das für den Endpunkt eines solchen physikalischen Phänomens typisch gewesen wäre, blieb zu seiner Überraschung aus. Dagegen war er sich völlig sicher, dass was sich stattdessen in seinem Kopf abspielte, in ihrem eine passgenaue Entsprechung fand. Eigentlich wäre es nicht nötig gewesen, dass ihrer beider rechten Hände am Hinterkopf der jeweiligen Zielperson für genügend liebkosende Unterstützung sorgten; die Kohäsion wäre auch so ausreichend stark gewesen. Als sie sich letztlich intuitiv darauf einigten, den Kuss vorübergehend zu beenden, kamen sie stillschweigend überein, dass nun noch ein langer, wechselseitig tiefer Blick in die Augen einen angemessenen Abschluss bilden würde. Seine Augenlider kamen dem Bedürfnis der Augäpfel nach Nachfeuchten zuerst nach.

»Verloren! Du hast zuerst gezwinkert.« Ausgelassen laut schallte ihr Lachen über den Parkplatz. Es war ansteckend.

»Ich mache dir einen Vorschlag.« Sie gluckste immer noch leicht. »Du kommst mit nach Amecke.«

»Und da soll ich was?« Sèrecule hatte Mühe, in die Sauerländische Wirklichkeit zurückzufinden. Nein... Das stimmte ja nicht: Der Kuss war Sauerländische Realität. »Was meinst du genau?«

»Um halb acht legt von der dortigen Schiffsanlegestelle die ›MS Sorpesee‹ zu einer ›Fahrt in den Sonnenuntergang‹ mit Live-Disco ab. Und die hat die Belegschaft der Naturbühne Elspe als Betriebsausflug gebucht. Lust?«

»Aber meine Ermittlungen...« Er fühlte, wie sie ihm die Segel aus dem Wind nahm.

»Die haben bis morgen Zeit. Von Sundern aus bist du genauso rasch am Silbersee, vielleicht sogar schneller als vom Südende der Talsperre aus. Außerdem werden die Ganoven dich aus der Richtung nicht erwarten. Das ist dein Überraschungsmoment.«

»Das Überraschungsmoment ist gerade auf deiner Seite... Und wo schlafe ich heute Nacht?«

»Bei mir; so einfach ist das.«

»Und mein Pyjama?«

»Wenn du nach der Party immer noch meinst, einen zu benötigen... Ich muss dich wohl daran erinnern, dass wir deinen Trolley im Kofferraum haben.« Ihr Augenaufschlag war unwiderstehlich.

Ein minimal kürzerer Kuss als der erste besiegelte die Übereinkunft der beiden.

Leos Zukunft

»Los! Bewegt eure Hintern! Wir müssen sehen, dass wir möglichst weit in den Stollen kommen... So weit, dass uns die Polizei oder wer immer da anrückt nicht mehr sehen kann.«

»Ja, aber unsere Spuren...?«

»So richtig taugst du nicht fürs Gelände, Olli... Wenn wir die Lastenfahrräder durchs Wasser schieben, hinterlassen wir keinerlei Fuß- oder Reifenabdrücke. Nicht einmal Hunde könnten unserer Fährte folgen.«

Der Klugscheißer musste sich einmischen. »Da es sich bei dem Stollen, wie man unschwer erkennen kann, um eine Röhre handelt, bleibt dem Wasser des Bachs hier nichts anderes übrig, als am tiefsten Punkt entlangzufließen.«

»Und uns, darin entlangzulaufen.« Rolli-Olli hatte es geschnallt. Der Klugscheißer quittierte die Erkenntnis mit einem beidseitigen Fingerschnippen, in dessen Aushall beide Zeigefinger auf den Kollegen zeigten. Der begann gerade damit, seine Hosenbeine aufkrempeln.

»Schenk dir das!« Oberst zu Unterst von Dannen ging steil, hatte er es doch eilig. »Wenn deine Socken nass werden, ist das dem Jeans-Saum egal... Und zwar an beiden Beinen. Und jetzt: Auf geht's! Das Licht an den Fahrrädern lasst ihr übrigens aus, bis wir weit genug vorgedrungen sind, dass die Typen uns nicht entdecken.«

»Irgendwann werden sie ja wieder abziehen, spätestens wenn sie feststellen, dass nichts Verdächtiges auszukundschaften ist.«

Rolli-Ollis Hoffnung mochte bei den anderen Tramps nur bedingt verfangen. Schweigend reihten sie sich ein, schweigend folgten sie der Reihe nach dem Anführer in die feuchte Dunkelheit, und schweigend stapften sie dahin, bis Olli die Stille nicht mehr ertrug.

»Was ich gern wissen möchte: Was stellt ihr eigentlich mit eurem Anteil an?«

Leo war dankbar für die Ablenkung. »Ich habe zum ersten Mal das Gefühl, dass ich damit genug beisammen habe, um in Würde zu altern.«

»Das wird nicht gehen.« Lapidarer hätte der Einwand des Klugscheißers, der das Ende der Schlange verkörperte, nicht ausfallen können.

Das Entsetzen in Leos Pupillen konnte niemand sehen, es aber unschwer dem gehetzten Ton seiner Nachfrage zu entnehmen. »Wieso meinst du...?«

»Im Gegensatz zu Ungnade gibt es keinen Ort, der ›Würde‹ heißt.« Der Klugscheißer wusste, dass Wissen wehtun konnte.

»Versteh ich jetzt nicht...«

»Reg dich nicht künstlich auf. Es gibt im Saale-Kreis in Sachsen-Anhalt einen Bach namens ›Würde‹. Da könntest du zumindest an der Würde altern. Immerhin, woll?«

Der Befehl zum Aufsitzen verwehrte Leo die Gelegenheit, etwas zu entgegnen. Doch das Einschalten des Fahrlichts wurde dankenswerterweise erlaubt. Leo atmete tief durch. Die Kollegen wussten nichts von seiner Platzangst, die er ja jetzt – neben seinem Ärger – getrost herunterschrauben durfte. Schweigend rollten sie die konkave Piste entlang, ihre LED-Scheinwerfer warfen unruhige Lichtkegel auf die konkaven Wände. Einzig die konkave Decke blieb im Dunkeln. Es hatte aber niemand das Bedürfnis, deren Beschaffenheit in Augenschein zu nehmen.

Es war nicht ganz klar, welcher der vier so unterschiedlichen Männer es zuerst bemerkte; wahrscheinlich geschah es mehr oder weniger gleichzeitig. Derjenige ihrer Füße, der beim Trampeln jeweils oben war, war gegenüber seinem Pendant von daher im Vorteil, als dass er einen Teil des unten aufgenommenen Wassers zeitweilig zumindest teilweise wieder abgeben konnte. Dann tauchte er wiederum unter in den nach und nach steigenden Pegel. Längst machte sich niemand länger Sorgen um nasse Hosenbeine. Längst stand mehr auf dem Spiel, mehr als nur die Ladung ihrer Bakfietsen.

»Da vorne! Ich kann Licht sehen am Ende des Stollens... Der Stollen hat einen zweiten Eingang.« Die Stimme des Obersts zu Unterst von Dannen hörte sich erleichtert an, ähnlich erleichtert wie nach dem misslungenen Überfall auf den »RE17«, als klar war, dass sie ihren Verfolgern entwischt waren. Und die Erleichterung war ansteckend, wenigstens bei Leo und bei Rolli-Olli. Nur der Klugscheißer stellte sich die ein oder andere physikalische Frage...

Auf zum See

Es war eine gewaltige Szenerie, die sich ihren Augen bot, als sie nach längerem Ritt sich allmählich dem Ziel ihrer beschwerlichen Reise näherten. Sie ritten in einem etappenweise aufsteigenden Canyon, an dessen Seiten mächtig hohe Felsenmassen aufstarrten, und zwar in einem Farbenglanz, der die Reisenden schier blendete. Kolossale Ruhrsandsteinsäulen, eine neben der anderen stehend, oder sich kulissenartig vor- und hintereinander schiebend, strebten in einzelnen, verschieden gefärbten Lagerungen und Stockwerken zum Himmel empor. Bald bildeten diese Zylinder gradlinige senkrechte Wände; bald waren sie mit ihren vielen Pfeilern und vorspringenden Ecken, Spitzen und Kanten mit steinernen Schlössern oder phantastischen Zitadellen zu vergleichen.

Die Abendsonne stand schräg über diesen großartigen Formationen und ließ dieselben in einer geradezu unbeschreiblichen Farbenpracht erglänzen. Gewisse Felsen schillerten im hellsten Blau, andere tief goldrot; zwischen ihnen lagen gelbe, olivgrüne und im feurigsten Kupfer funkelnde Lagerungen, während in den Furchen ein gesättigt blauer Schatten ruhte. Aber dieses Gepränge, bei dem dem Beschauer die Augen übergehen wollten, war ein totes; es fehlte ihm das Leben, die Bewegung. Es floss kein Wassertropfen zwischen diesen Felsen; kein Halm fand Nahrung auf dem tiefen Grund, und an den starren Mauern war kein grünender Zweig, kein einziges Blatt, dessen Grün dem Auge wohlgetan hätte, zu bemerken.

Aber dass es zu Zeiten hier Wasser gab, und zwar in gewaltiger Menge, das bewiesen die Spuren, die zu beiden Seiten unzweideutig am Gestein zu erkennen waren. In diesen Zeiten fungierte der jetzt trockene Canyon als Bett eines Stromes, der seine reißenden Fluten tief und breit in die Ruhr ergoss. In der Konsequenz war die Schlucht wochenlang für jeden menschlichen Fuß gesperrt, und schwerlich konnte ein kühner Westfale oder anderer Indigener es wagen, sich den Wogen auf einem schwankenden, gebrechlichen Kanu anzuvertrauen.

Die Sohle des Canyons charakterisierte dementsprechend eine tiefe Lage rundgescheuerter Steine, deren Zwischenräume mit Sand ausgefüllt waren.

Das gab eine sehr beschwerliche Bahn, denn die runden Steine wichen bei jedem Schritt unter den Hufen der Pferde und ermüdeten die Tiere so, dass man von Zeit zu Zeit Pause machen musste, um sie ausruhen zu lassen.

Olsch' Ette Rend und Wi Ne-tu ritten an zweiter und dritter Position, ihnen voran allein noch ein Fremder, den Sèrecule Acheseau noch nie gesehen hatte. Letzterer widmete der Umgebung ein unübersehbares Augenmerk. Man sah ihm an, dass er nach einer Stelle suchte, die ihm jedenfalls von Wichtigkeit war. Da, wo zwei gewaltige Felsenpfeiler sich in der Höhe aneinander lehnten und unten einen Zwischenraum ließen, der weniger als zehn Fuß breit war und sich nach innen noch zu verengen schien, hielt er sein Pferd an, taxierte die Situation mit prüfendem Blick und erinnerte sich: »Hier muss es sein, wo ich damals herauskam, nachdem ich die Ader gefunden hatte. Ich glaube nicht, dass ich mich irre.«

»Und da willst du hinein?«, fragte Olsch' Ette Rend.

»Ja. Und ihr sollt mit.«

»Führt der Spalt tatsächlich weiter? Es scheint doch, dass er demnächst zu Ende geht.«

»Wollen sehen. Es ist doch möglich, dass ich mich irre.«

Er wollte vom Pferd steigen – was Monsieur Acheseaus Sitzfläche durchaus recht gewesen wäre –, um nachzuforschen; aber Wi Ne-tu lenkte sein Tier nach der Felsenenge und sagte in seiner ruhigen, sicheren Weise: »Meine Brüder mögen mir folgen, denn hier beginnt ein Weg, auf dem wir eine große Strecke abschneiden werden. Darüber hinaus ist er für die Pferde viel bequemer als der Geröllboden des Canyons.«

»Du kennst diese Spalte?«, fragte der Fremde überrascht.

»Wi Ne-tu kennt alle Berge, Täler, Schluchten und Risse des Sauerlands genau; du weißt, dass er sich niemals irrt.«

»Das ist wahr. Aber dass du exakt diese Stelle kennst, und dass du von ihr behauptest, der Beginn eines Weges zu sein, das ist sonderbar. Kennst du die Gegend, in die er führt?«

»Ja. Diese Spalte wird erst noch enger; später verbreitert sie sich sehr, nicht zu einer schmalen Schlucht, sondern zu einer glatten Felsenfläche, die wie eine riesige Tafel nach und nach in die Höhe steigt.«

»Das stimmt, das stimmt! Ich bin demzufolge hier exakt richtig. Diese Tafel führt mehrere hundert Fuß nach oben. Und was kommt dann? Weißt du es?«

»Die obere Kante dieser Tafel fällt jenseits jäh in die Tiefe, in einen großen, runden Kessel, aus dem eine schmale, viel gewundene Felsenenge hinauf in das weite, schöne Tal des Silbersees führt.«

»Auch das ist korrekt. Bist du in diesem Kessel gewesen?«

»Ja.«

»Hast du da vielleicht etwas Merkwürdiges gefunden?«

»Nein. Es ist nichts, gar nichts da zu finden, kein Wasser, kein Gras, kein Tier. Kein Käfer, keine Ameise krabbelt über das ewig trockene Gestein.«

»So will ich dir beweisen, dass man doch etwas findet, etwas, was viel kostbarer ist als Wasser und Gras.«

»Meinst du die Silberader, die du entdeckt hast?«

»Ja. Es gibt da nicht nur Silber, sondern auch Gold. Dieser Felsenkessel ist es, dessentwegen ich den weiten Ritt unternommen habe. Vorwärts, biegen wir hier ab!«

Sie ritten in den Spalt hinein, einzeln hintereinander, da es nicht genug Platz gab für zwei. Bald aber traten die Felsenwände weiter und weiter auseinander; die gigantischen Pfeiler öffneten sich, und nun lag, mit dem untersten Winkel an die Spalte stoßend, vor den Reitern ein mächtiges, glattes Felsendreieck, das sich langsam und dachförmig zwischen rechts und links zurückweichenden Wänden erhob und oben gegen den hellen Himmel eine scharfe, schnurgerade Grundlinie abhob.

Da hinauf führte sodann der Ritt. Es war, als ob die Pferde ein ungeheures Dach zu erklimmen hätten, doch war die Steigung desselben nicht so bedeutend, dass sie allzu große Schwierigkeiten bot.

Die ganze Zeit fragte sich Acheseau schon, wann und unter welchen Umständen sie wohl auf den Oberst und die Tramps stoßen würden.

Es dauerte nicht allzu lange, ehe der Zug oben ankam, und nun dehnte sich vor den Reitern eine meilenweite Felsenebene nach Westen hin, in deren Vordergrund der tiefe Kessel, von dem Wi Ne-tu und sein Bekannter gesprochen hatten, eingesenkt war. Aus diesem sah man von oben aus einen dunklen Strich links ab nach Süden gehen. Das war die erwähnte Felsenenge, durch die man aus dem Kessel nach dem Silbersee gelangte. Jetzt ging es in die Tiefe hinab. Das Gefälle war so beträchtlich, dass man vom Pferd steigen musste. Es gab sogar Stellen, an denen die Passage fast gefährlich wurde.

Die anderen waren gar nicht wieder in den Sattel gestiegen. Die Kunde, dass man den langersehnten Fundort erreicht habe, versetzte sie in größte innere Unruhe.

Der Kessel hatte einen Durchmesser von wenigstens einer Meile. Sein Boden setzte sich zusammen aus tiefem Sand, untermischt mit abgescheuerten Steinen bis zur Größe einer Männerfaust. Zwei Männer waren hier von großer Wichtigkeit, nämlich besagter Fremde, der die Ader anzugeben hatte, und ein Mann, wohl ein Ingenieur, der den Fund und die Möglichkeit der Ausbeutung technisch begutachten sollte. Dieser letztere ließ seinen prüfenden Blick rund umherschweifen und meinte dann: »Es ist denkbar, dass wir hier auf eine reiche Bonanza stoßen. Gibt es wirklich edles Metall hier, so steht gewiss zu erwarten, dass es gleich in erklecklichen Mengen vorhanden ist. Diese ungeheure Vertiefung wurde im Laufe der Jahrhunderte ausgewaschen. Das Wasser strömte durch die Felsenenge von Süden herbei und formte, da es nicht weiter konnte, einen Strudel, der das Gestein ablöste und zu Gries und Sand zerrieb. Der Boden, auf dem wir stehen, wurde durch den stetigen Niederschlag in seiner jetzigen Beschaffenheit gebildet und muss die ausgewaschenen Metalle enthalten, die infolge ihrer Schwere am tiefsten sanken und jetzt unter dem Sand liegen. Wenn wir einige Fuß tief nachgraben, wird es sich zeigen, ob unsere Reise erfolgreich oder vergeblich war.«

»Wir brauchen nicht nachzugraben. Es genügt doch, nachzuweisen, dass die Ufer dieses einstigen Wasserloches das gesuchte Metall in sich bergen, oder?«, meinte sein Gegenüber.

»Allerdings. Gibt es in diesen Wänden Gold oder Silber, so ist ganz bestimmt auch der Boden des Kessels voll mit diesen Metallen.«

»So kommt! Ich will euch den Beweis liefern.«

Er schritt in gerader Richtung zu einer Stelle, die er zweifelsfrei zu kennen den Eindruck erweckte. Die anderen folgten ihm in größter Spannung.

»Vetter, mir schuckert das Herz«, gestand Hobel-Frank der Tante Troll. »Wenn wir hier Silber finden oder gar Gold, so stopfe ich mir alle Taschen voll und fahre endlich heim.«

»Und ich«, antwortete Tante Troll, »kaufe mir einen Bauernhof mit zwanzig Pferden und achtzig Kühen und mache weiter nix als Quark und Ziegenkäse.«

»Und wenn wir aber nichts finden?«

»Ja, wenn nix gefunden wird, so können wir auch nix machen. Aber ich denk, dass wir schon Glück haben werden. Es versteht sich doch ganz von selber, dass es in der Nähe eines Silbersees auch Silber geben muss!«

Bevor Sèrecule Acheseau sich fragen konnte, woher all diese Leute von dem Schatz wissen konnten, zerriss ein Knall die Stille. Erschrocken riss der Franzose die Augen auf. Er saß – auf sich allein gestellt – in einem fremden Gefährt.

Irgendwer hatte die Kofferraumklappe zugeschlagen!

»Wünsche, wohl geruht zu haben...«

Nein, das war kein fremdes Fahrzeug. Er kannte die Stimme. Aber woher kam sie?

Es Martha lächelte über das halboffene Fahrer:innenfenster hinweg ins Cabrio hinein. »Kommst du? Deinen Trolley habe ich schon startklar gemacht.«

Acheseau wand sich aus dem Sicherheitsgurt, stieg aus und reckte seine verschlafenen Gräten. Sie trafen einander in Höhe des Tankdeckels zu einem neuerlichen Zuneigungsbeweis.

»Also, was ist? Kommst du mit auf die Betriebsfeier? Wird bestimmt lustig.«

»Aber das geht doch nicht einfach so...«

»Die werden dich nicht gleich über Bord werfen, glaub mir. Und die allermeisten kennst du ja bereits.«

Es war ein doch sehr nachdenklicher Franzose, der es Martha den Arm um die Hüfte legte, um mit ihr zusammen den »Amecker Damm« zu queren.

Wasser

Es kam unvermittelt, das Wasser der Settmecke... und laut! Normal war das nicht. Es war so viel Wasser, dass jeder der vier Tramps nur intuitiv zu reagieren vermochte. Hatte da jemand einen Schalter, einen Hebel umgelegt? Aber wo sollte der angebracht sein? Oberst zu Unterst von Dannen hatte das helle Fenster des Stollenausgangs fest vor Augen, wohingegen Rolli-Olli noch immer über letztendliche Auswirkungen ihres gemeinschaftlichen Tuns nachgrübelte. Der lange Leo fühlte sich angesichts der Wassermassen schon lange nicht mehr sicher in seinem Sattel. Nur der Klugscheißer überlegte einmal öfter, ob so ein Bak in der Lage wäre, Fahrrad, Ladung und nicht zuletzt einen Fahrer über Wasser zu halten. Technisch sollte das kein Problem darstellen, handelte es sich doch bei dem Material des Ladebereichs – wie sie gehört hatten – um wasserfestes, weil melaminharzbeschichtetes Multiplexholz. Konnte man das nicht spielend babyleicht im Kopf ausrechnen? Jetzt nur mal überschlägig: Die Abmessungen des Bak würden schätzungsweise 250 Kilogramm eines Quasi-Boots zum Schwimmen bringen. Zog man davon ungefähr 60 Kilo für das Fahrrad ab, so blieben noch 190 Kilo für Fahrer und Zuladung übrig. Warum sich also Sorgen um die Beute machen? Zumindest nicht um die komplette...

Er versuchte, seinen Chef diesbezüglich zu informieren. Allerdings ging das nicht auf direktem Wege. Es hatte folglich etwas von ›Stiller Post‹ – wenn auch laut gerufener –, da er ja schlecht zu einem Überholmanöver ansetzen konnte. Aber es half nichts; es war unerhört: Er blieb ungehört.

Es spülte sie förmlich auf den Ausgang des Stollens zu, jeden für sich, in gleichbleibendem Abstand zueinander; die Strömung trieb sie einfach. Die Vorderräder der Bakfietsen hatten schon vor geraumer Weile den Kontakt zum Stollenboden verloren. Der Auftrieb eben...

Fahrt in den Sonnenuntergang

Es war eine lockere, gesellige Runde, die da nicht erst seit dem Ablegen des Ausflugsschiffs beisammensaß. Das Kleeblatt war auseinandergerückt und hatte jeweils eine andere Person in ihren Kreis, besser in ihr Quadrat aufgenommen.

Ralf Hawkens hatte für Wi Ne-tu Platz gemacht, Tante Troll rutschte für Olsch' Ette Rend zur Seite, der Gans-Tick-Onkel für Pfahls Martha, und Hobel-Frank freute sich, neben dem berühmten Franzosen sitzen zu dürfen.

Jonkheer Kasteelvijver war in Begleitung von Humpty-Dumpty gekommen. Ihre geringfügige Verspätung störte niemanden, wartete man doch offensichtlich auf noch weitere Fahrgäste.

Als die berühmte Open Air-Regisseurin endlich ihre beiden Füße an Bord gesetzt und ebenfalls Platz genommen hatte, wollte der französische Ermittler finalement dazu übergehen, den Fall aufzurollen und in all seinen Facetten der versammelten Zuhörerschaft zu präsentieren.

»Mesdames et Messieurs, was ist es, warum wir uns hier versammelt haben...? Eine Verbrechensabfolge nie dagewesenen Ausmaßes! Hat doch die verbrecherische Truppe um einen vorgeblichen Oberst querbeet im Sauerland ihr Unwesen getrieben. Es gibt indessen eine Zeugin, ach ja, und einen Zeugen – ausnahmslos Leidtragende des kriminellen Vorgehens der Bande –, die man bitten könnte, bei der Anfertigung von Phantombildern dieser Verbrecher behilflich zu sein. Wie einige von Ihnen wissen, haben diese Tramps...«

Weiter schaffte er es zu seinem tiefen Bedauern an dieser Stelle nicht, denn ein Déjà-vu kam an Bord und ihm dazwischen.

»Zu meiner Zeit gab es nur Tramper, Leute, die am Straßenrand den Daumen am ausgestreckten rechten Arm Richtung Fahrbahn hochreckten – es herrscht letztlich Rechtsverkehr in Deutschland –, um einen Autofahrer mit ebenso viel Gottvertrauen in andere Menschen, wie es der Tramper hatte, zum Anhalten zu motivieren und den Fahrgeldsparer wenigstens ein Stück weit des Wegs mitzunehmen... Wenn es denn der gleiche war.« Ol' Siuerland nahm einen ordentlichen Schluck aus seiner Flasche frischen Sauerländischen Biers, das ihm Tante Troll hinhielt. »N'Abend, Sèrecule.«

Der hätte die berühmten Bauklötze gestaunt, wäre ihm die Redewendung geläufig gewesen. »Was machst denn du hier, Schorsch?«

»Ganz einfach, mon ami, wie du weißt, gelte ich als Fachmann für die seltsamsten Jobs, und heute Abend bin ich euer DJ. Aber nun legen wir erst einmal ab, woll?« Er machte sich davon, um den Kapitän zu verständigen, dass es losgehen könne.

Sanft zog es Martha Acheseau in Richtung des vorderen Schiffteils. Nur unwesentlich später holten beide tief Luft. Sie standen ganz, ganz weit vorne am Bug der ›MS Sorpesee‹, vor ihnen außer der Reling nichts als das Wasser der Talsperre im Abendlicht. Sèrecules abgespreizter Daumen der rechten Hand stabilisierte im Zusammenspiel mit den übrigen vier Fingern Marthas Taille auf der rechten Seite. Sie hatte ihre Arme weit ausgebreitet, so weit, dass ein unbedarfter Zuschauer hätte meinen können, sie wollte sogleich zu einem Segelflug über Amecke, Langscheid, Sundern und Umgebung abheben. Der Franzose musste spontan an das Rotmilanpärchen denken, das mit seinen Runden ihr Kennenlerngespräch begleitet hatte. Ob die linke Hand des Ermittlers Entsprechendes vollführte, konnte er nicht sehen. Sein konzentriert nach rechts geneigter Kopf fixierte den Perlenring in ihrem rechten Ohr.

»Das wäre eine noch zweckmäßigere Perspektive gewesen für den holländischen Barockmaler Jan Vermeer van Delft, als er das ›Mädchen mit dem Perlenohrring‹ malte, wenn, ja wenn es nicht das falsche Ohr gewesen wäre«, sinnierte der

Franzose, hütete sich aber, die Stimmung der Situation zu torpedieren.

Hinter den beiden tuschelte man bereits.

»Ist das nicht filmreif? Schaut sie euch an, da, es Martha und der Sèrecule!« Olsch Ette Rend kam aus dem Schwärmen nicht heraus.

Wi Ne-tu pflichtete ihr bei. »Steht sie nicht da wie diese, wie diese Kate Winslet? Kennt ihr die noch?«

»Ist die nicht untergegangen?« Ralf Hawkens erinnerte sich nur dunkel.

»Jetzt mal mal nicht den Teufel an die Bordwand, Mensch!«

Gelächter allenthalben, das allerdings kurze Zeit später jäh unterbrochen werden sollte.

Die Vorschrift

Es wurde schnell heller, weil das Ende des Stollens sich unaufhaltsam näherte. Als deshalb Oberst zu Unterst von Dannen endlich eine Chance, sich zu verständigen, zu haben glaubte – wenn vielleicht nicht notwendigerweise verbal –, erledigte sich das Unterfangen wie von selbst. Seine Mannen fragten sich im Moment, was er ihnen kundzutun gedachte, als sich ihnen die Antwort auf sehr eindringliche Weise offenbarte, da der Boden des Settmecke-Stollens zu Ende war, nein, der ganze Settmecke-Stollen war zu Ende, und der Blick jedes einzelnen Bandenmitglieds wurde geweitet – und zwar in alle Richtungen – nicht nur für die Schönheit des Sorpesees. Gleichzeitig merkten sie, wie sie mit der Zeit den Boden unter den Füßen verloren. Der Oberst wusste aus längst vergangenen Dienstzeiten um die »ZDv 03/11«, dieser »Zentralen Dienstvorschrift der Bundeswehr«, die das Verhalten des Soldaten im Gelände regelte, ab welcher Wassertiefe man zum Beispiel automatisch mit Schwimmbewegungen zu beginnen habe. Und das setzte er jetzt um, nicht ohne es seinen Leuten ebenfalls zu befehlen. Diese folgten nur widerwillig seinem Vorbild, hatten sie doch schon reichlich Strapazen auf sich genommen, um bis hierher zu gelangen. Und jetzt sollten sie auch noch schwimmen? In voller Montur?

Was danach passieren müsste, wusste ihr Anführer wahrscheinlich selbst noch nicht so eindeutig... Die Bakfietsen jedenfalls waren offensichtlich schwimmfähig. Zugute kam der Konstruktion des Lastenbereichs, dass die ungleich hohen Wandungen in der Nähe des Lenkers die größte Höhe aufwiesen. So wurde das Quasi-Boot durch das Gewicht des restlichen Fahrrads in die Waagerechte gezogen.

Der Klugscheißer sah sich in seinen Berechnungen bestätigt, äußerte sich aber vorsichtshalber nicht.

Die Strömung aus dem Stollen spülte sie weiter, vorbei an beidseitig befestigten Uferabschnitten, hinaus auf den See. Alle vier hatten ihre geregelte Mühe, mit nur jeweils einer Hand zu schwimmen, musste doch die jeweils andere das jeweilig zugewiesene Fahrradboot vor dem Abdriften bewahren. Wie lange würden ihre Kräfte reichen? Wo konnten sie jetzt noch den Schatz verstecken, wenn doch der Stollen sie nicht hatte haben wollen?

Als Oberst von Dannen gerade vermeinte, zu einem Entschluss kommen zu können, wurde er durch wiederholtes Platschen grundlegend darin gestört. Der lange Leo hatte begonnen, den Inhalt des Ladebereichs seines Lastenfahrrads drastisch zu reduzieren, indem er seinen Teil des so mühsam ergatterten Schatzes laibweise im hohen Bogen ins Talsperrenwasser entsorgte. Rolli-Olli folgte seinem Beispiel, ohne übermäßig lange zu zögern.

Der Schatz im Sorpesee

Es Martha öffnete die Augen, die sie die ganze Zeit genießerisch geschlossen gehalten hatte. Sie hatte sich so geborgen gefühlt, denn starke französische Hände hielten sie. Das Gefühl der Sicherheit wich... Irgendetwas störte die Idylle!

In mehr oder weniger gleichmäßigen Abständen fielen wohl recht schwere Gegenstände ins Wasser. Begleitet wurde dies von den hektischen Rufen – sie zählte nach – vierer Männer, von denen zwei schwimmend ihre Lastenkähne, nein, ihre Lastenfahrräder auf Kurs – wohin auch immer – zu halten versuchten. Die beiden anderen waren das Ziel des Spotts und der Aversion der ersteren, denn sie waren in die Bakken ihrer Bakfietsen geklettert, wobei sie offensichtlich ordentlich froren, wenngleich das Klappern ihrer Zähne nicht bis zum Ausflugsschiff vordrang.

Ein weiterer, ihr bislang unbekannter Ton schräg hinter ihr erregte ihre Aufmerksamkeit. Ein surrendes Zischen entfernte sich rasend schnell von Steuerbord, um unmittelbar darauf zufriedenes Johlen zu verursachen. Was amüsierte Ralf Hawkens und die drei Freunde des Kleeblatts so über die Maßen?

»Das hättet ihr nicht gedacht, was?« Der Fragesteller hatte sich seiner flachsblonden Perücke entledigt und lehnte – so ganz ohne Haupthaar – an der Reling, seinen Minigolfschläger im Anschlag. In dessen Handgriff surrte es heftig, und ein winziger, aber leistungsstarker Elektromotor spulte die Leine zurück in ihr Gehäuse, nicht ohne die Beute am Haken an ihrem Ende näher heran zu befördern.

Hawkens hievte seinen Fang an Bord.

»Lass sehen! Was ist das?« Hobel-Frank war die Neugier in Person.

»So ein...« Der Angler durfte nicht ausreden.

»Was hast du? Ist etwas nicht in Ordnung?« Tante Troll war irgendwie aufgekratzt.

»So einen Käse habe ich noch nie schwimmen gesehen.«

»Käse? Was meinst du damit?« Die Tante gab keine Ruhe.

Hawkens klärte die anderen auf. »Bei dem, was da hinten in stattlicher Ansammlung im Wasser schwimmt, handelt es sich um etwas Besonderes, gewissermaßen um einen Schatz. Es handelt sich um Höhlenkäse aus der Attahöhle, wenn ich mich nicht vertu-huhu!«

Ganz mochte Sèrecule Acheseau sich noch nicht aus dem Fall zurückziehen, so wandte er sich vertrauensvoll an Ol' Siuerland. »Aber, Schorsch, hast du eine Erklärung wo diese..., wo dieses Treibgut da herkommt?«

Der Kadettfahrer lachte. »Aber sicher, mein Lieber. Hast du nicht im Radio gehört, dass eine Spezialeinheit des niederländischen DSI, des ›Dienst Speciale Interventies‹, zurzeit in der Gegend auf Einladung des Hochsauerlandkreises Übungen zur Terrorabwehr durchzieht?«

»Des Hochsauerlandkreises? Wie jetzt?«

»Die Kreisverwaltung, verstehst du? Das sind die, die jedes Kraftfahrzeug mit dem Kennzeichen ›HSK‹ versehen... Wer sonst hätte das anleiern sollen?« Schorsch nahm Acheseau freundschaftlich in den Arm.

»›HSK‹ steht nicht für ›Hesekiel‹?« Richtig fest saß die Stimme des Franzosen nicht in diesem Moment.

»Ich könnt' mich beömmeln... Kerr, wie kommst du denn auf das schmale Brett?«

Der Franzose wollte es dennoch genauer wissen. »Und was haben die veranstaltet, dass diese Banditen jetzt da vorne im See treiben?«

Jan Kasteelvijver erklärte es ihm und den übrigen. »Als sich herausstellte, dass die Sûreté gerne internationale Unterstützung auszuprobieren wünschte, hat die niederländische Spezialeinheit umgehend einige unserer besten Leute zur Verstärkung geschickt. Die Pläne, die die Kreisverwaltung zur Verfügung gestellt hat, haben es uns ermöglicht, die Bande in eine Falle zu locken.«

»Eine Falle?« Sèrecule Acheseau musste wieder nachhaken.

Es Martha mischte sich ein, etwas zögerlich. »Während du in der Attahöhle warst, bin ich etwas spazieren gegangen und habe nachgedacht. Und so habe ich dem Jan hier telefonisch vom Stand deiner Ermittlungen berichtet... Sei mir bitte nicht böse, Sèrecule. Jan hat einen Kollegen als angeblichen Grundschullehrer auf den Oberst angesetzt. Und dieser wiederum hat die Ganoven zum Settmecke-Stollen gelotst.«

Kasteelvijver setzte den Bericht mit einem stolzen Lächeln fort. »Ums Haar wäre das Unternehmen an seiner langatmigen Wegbeschreibung gescheitert, die sicherstellen sollte, dass die Typen auch in die Falle tappen würden. Und als die Tramps in den Stollen eingedrungen waren, musste die DSI nur noch das Wasser der Settmecke kurzzeitig komplett in den Stollen leiten, um die Banditen dort wieder herauszuspülen, und zwar in die Sorpetalsperre. Verantwortungsbewusst wie sie sind, hatten sich die Polizisten vorher genauestens erkundigt, ob eine solche Maßnahme nicht die Wasserlebewesen weiter bachabwärts nachhaltig schädigen würde. Dem war nicht so, geschah es doch nur für wenige Minuten. Ergo konnte man die Aktion so durchführen!«

»Und all die schwimmenden Kugeln da hinten sind Käselaibe?« Ein ungläubiger Hobel-Frank brachte es auf den Punkt. »Ein Schatz im Sorpesee also?«

Abend im Sauerland

»Ein Lied zwo, drei...!« Die schneidende Stimme des Mannes, vor dem ein klatschnasses rotes Fransentuch im Wasser trieb, erschreckte die Wasseramsel (lat.: Cinclus cinclus, aber davon wusste sie naturgemäß nichts) in der Nisthilfe derart, dass sie beschloss, sich um eine ruhigere Wohnlage zu kümmern. Außerdem hatte dieser sozial gemeinte Wohnungsbau von Anbeginn den Nachteil gehabt, zwar an einem klaren, nicht aber an einem schnell fließenden Gewässer zu hängen, sah man einmal davon ab, dass zeitweilig einiges Wasser der Settmecke durch den Stollen floss, sie an anderen Tagen aber wieder ein ganzes Stück zur Besorgung von Verpflegung bis zu nämlichem Bach zurücklegen musste, um dort nach Insekten zu tauchen. Gott sei Dank hatte sie noch keinen Nachwuchs, auf den sie hätte Rücksicht nehmen müssen.

Rücksicht kannte die Gruppe triefnasser Köpfe, die aus dem Wasser des Sorpesees aufgetaucht war, jedenfalls nicht, denn weithin hörbar ertönte – nach entsprechender Aufforderung – aus ihren heiseren Kehlen eine Variation ihrer Hymne:

»Wir sind vier Tramps, Tramps, Tramps! Jedenfalls
steht uns das Wasser diesmal bis zum Hals...«

Nach einem weiteren aufregenden Tag würde sich die Sonne alsbald über dem Westufer des Sorpesees zur Ruhe begeben, nicht ohne dass das Motorrettungsboot »Freiheit Langscheid 1« der DLRG-Ortsgruppe Langscheid noch eine abendliche Mission zu erfüllen gehabt hätte: Es galt, vier manövrierunfähige Tramps an Bord und vier alleine manövrierunfähige Bakfietsen-Boote ins Schlepptau zu nehmen. Das sollte für eine »Caravelle« Modell »Sea Hawk 230 WA« keine Schwierigkeit bedeuten.

Auflösung der Logikalisierung

Wenn der Empfänger der Nachricht das Logical, die Logikalisierung erfolgreich durch die Kraft seiner Gedanken gelöst hat, weiß er, wer regelmäßig zum Hennesee fährt! Und folglich ist die Nachricht übermittelt!«

Attendorn	Marsberg	Sundern	Meschede	Olsberg
Niederländer	Belgier	Pole	Deutscher	Österreicher
Musiker	Lehrer	Florist	Soldat	Bäcker
Bus	zu Fuß	Auto	Fahrrad	Motorrad
Biggesee	Sorpesee	Diemelsee	Hennesee	Möhnesee

Infolgedessen ist die Antwort auf die Frage (»Wer fährt regelmäßig zum Hennesee?«) gegeben: Es ist der deutsche Soldat aus Haus Meschede, der Fahrrad fährt.

Nachvertonungen

Liebe Leserinnen und Leser! Beim Film ist es nicht nur wichtig, das richtige Licht bei der Aufnahme zu erwischen oder selbst herzustellen, um den Kinogänger:innen ein exzellentes visuelles Erlebnis zu ermöglichen.

Ebenso essentiell ist, aber das wissen Sie als erfahrene Celluloid-Genießer:innen natürlich, die Tonqualität, (was sage ich?) der Ton generell. Und hier kommt die Postproduktion ins Spiel.

Wikipedia erläutert den Begriff »Zur Postproduktion [...] eines Filmes [gehört u. a.] das Vertonen und Unterlegen der Bilder mit Audioinhalten.«

Wenn Sie nun glauben, das wäre bei einem Roman grundsätzlich anders, so darf ich Ihnen verraten: Sie irren...

Denn wenn ich Ihnen auf der folgenden Seite spezielle Nachvertonungen (als Links auf entsprechende YouTube-Videos) präsentiere, werden Sie verblüffend schnell merken, dass ohne sie ein vollständiger Genuss schwer vorstellbar wäre...

Ihr Autor Wolfgang J. Gerlach

Led Zeppelin, »Stairway to Heaven« (Seite 18):

schimpfende Schwarzdrossel (Seite 27):

quakende Stockente (Seite 45):

Jane Birkin, »Je t´aime« (Seite 64):

hootender Waldkauz (Seite 70):

rufender Rotmilan (Seite 157):

Flötenmelodie (Seite 174):

Flötenmelodie – Noten (Seite 203):

singende Wasseramsel (Seite 237):

Haftung für QR-Codes

Das Angebot von Autor und Verlag enthält QR-Codes, deren Nutzung zu externen Websites Dritter führt, auf deren Inhalte wir keinen Einfluss haben. Deshalb können wir für diese fremden Inhalte auch keine Gewähr übernehmen. Für die Inhalte der verlinkten Seiten ist stets und ausschließlich der jeweilige Anbieter oder Betreiber der Seiten verantwortlich. Die verlinkten Seiten wurden zum Zeitpunkt der Erstellung der QR-Codes auf mögliche Rechtsverstöße überprüft. Rechtswidrige Inhalte waren zum Zeitpunkt der Erstellung der QR-Codes nicht erkennbar.

Für illegale, fehlerhafte oder unvollständige Inhalte und insbesondere für Schäden, die aus der Nutzung oder Nichtnutzung derartiger Informationen entstehen, haftet ausschließlich der Anbieter der Seite, auf die verwiesen wurde.

Eine permanente inhaltliche Kontrolle der verlinkten Seiten ist jedoch ohne konkrete Anhaltspunkte einer Rechtsverletzung nicht zumutbar. Bei Bekanntwerden von Rechtsverletzungen werden wir derartige QR-Codes umgehend (wenn neue Bücher gedruckt werden) entfernen.

Anlässlich der Einweihung des Restaurant-Wagen im Sauerland-Express, dem RE 17, auf der Strecke von Warburg nach Hagen hat sich eine Gruppe illustrer Passagiere eingefunden.

Als Sèrecule Achesau, der berühmte Detektiv, durch einen Schrei geweckt wird, ist ihm sofort klar, was passiert sein muss: ein Mord – bestialisch vollzogen durch eine Vielzahl von Messerstichen.

Nur… von einer Leiche fehlt jede Spur. Zusammen mit Monsieur Trouc (einem Bahn-Offiziellen) und Dr. Wilhelm Piepenbrink (ehemaliger Tierarzt, jetzt Flaschensammler) macht sich der Franzose, der auch schon den „Tod auf der Ruhr“ aufgeklärt haben will, an die Lösung des Falls.

„Elvis ist verschwunden."

Mit diesen Worten erhält Freddy Spieker, Blues-Musiker und Detektiv aus dem Ruhrgebiet, den Auftrag, den vermissten, allseits bekannten Straßensänger wiederzufinden. Bei seinen Recherchen glaubt er, auf ein großes Geheimnis zu stoßen. Aber die eigentliche Frage ist: Warum entführt man einen Obdachlosen?

Ein Toter im Hafenbecken eines Yacht Clubs am Möhnesee verändert schlagartig das Leben der Kommissar-Anwärterin Fenja Grothe.

Nicht nur die immer komplexer werdenden Ermittlungen bereiten ihr Kopfzerbrechen. Auch die Arroganz und Unfähigkeit des Ermittlungsleiters, Hauptkommissar Ludger Fromme verunsichert sie. Als zwei weitere Morde geschehen, beschließt Fenja, auf eigene Faust zu recherchieren.